Referral Marketing

リファラル
マーケティング大全

株式会社クリエイティブホープ
CREATIVEHOPE, INC.

フォレスト出版

はじめに

　現代は商品・サービスの差別化が困難な時代です。競合他社よりも機能・性能が良い商品を市場に投入しても、瞬く間に追随されてしまいます。機能・性能競争をしているうちに、気がつけば市場には似たような商品が満ち溢れ、生活者は違いがわからず、商品選びにストレスを感じるようになってしまいました。生活者は、商品選びに疲れ果てているのです。

　このような状況下では、「いいモノをつくれば売れる」というのは、すっかり過去の伝説となってしまったといえます。そもそも商品数が多すぎて、いいモノであろうと悪いモノであろうと認知されることさえままなりません。

　「広告費を掛けて宣伝して、認知してもらえばいいではないか」と考えるかもしれません。ですが、高額の広告宣伝費を使って、マスメディア広告を出稿したとしても、はたして本当に売れるのでしょうか。費用の割には効果がないということで、インターネット広告への出稿が飛躍的に増えたのではなかったでしょうか。しかし、インターネット広告の単価も年々高くなっている上、広告量も飽和状態で、年々費用対効果が下がってきています。

　そこで急激に存在感を増してきたのが、口コミマーケティングでした。商品レビュー、ブログ記事での紹介、インフルエンサーによる発信などでユーザーの購買行動を促す販促手法です。要するに従来の「お客様の声」や「有識者の推薦」をウェブ化（ブログ、SNS、レビューページ、商品比較サイト等）したものです。当初は非常に効果が高かったのですが、「やらせレビュー」や「ステルスマーケティング」が問題となり、信頼度がかなり低くなってしまいました。現在では「とても参考にしてい

る」という人は約12％、それ以外と回答した人が約88％と圧倒的に多かったという調査結果もあるほどです（三菱UFJリサーチ＆コンサルティング「口コミサイト・インフルエンサーマーケティングに関するアンケート調査」2018年）。

　では、どうすればいいのでしょうか。私たちがおすすめするのは、本書のテーマである **「リファラルマーケティング」** です。リファラル（referral）は「紹介」や「推薦」を意味する英語で、リファラルマーケティングとは、ある商品やサービスを利用したユーザーが親しい人に紹介することでその商品やサービスの価値が波及していくことを狙うマーケティング手法です。

　また64％の人が、「友人・家族からの口コミを参考にしている」という調査もあります。親しい人からの紹介であれば信頼できるのであり、ならば親しい人からの「紹介」を販促に活用しようと考えるのは極めて自然なことだといえます。

　理論的な補足をしますと、サービスの成長段階を表す **AARRR（アー）モデル** というものがあります。シリコンバレーのベンチャーキャピタル「500 Startups」の創業者デイブ・マクルーア氏が提唱したモデルで、Acquisition（獲得）、Activation（活性化）、Retention（継続）、Referral（紹介）、Revenue（収益）の頭文字を取ったものです。この順にサービスが成長していくという考え方で、リファラルは4段階目にあります。つまりリファラルが実践できていれば、その上の（安定した）収益化のベースが整ったということなのです。

　またスタートアップ投資の世界では **「リファラビリティ」** という用語が定着しています。これはブランドがどれだけ紹介される力があるかを示す指標で、投資家たちが最も気にする指標の1つです。つまり、リファラルマーケティングで成果を上げている企業は強いブランド力を持っているとみなされているということです。

　マス広告の費用対効果が疑問視され、ネット広告費も高騰し、口コミ

の信頼性も失われる中、信頼できる人の紹介だけは力を失っていません。今までの広告をすべてやめる必要はありませんが、現在用意している広告宣伝予算の一部をリファラルマーケティングに回すだけでも、期待以上の効果があると私たちは考えます。

　とはいえ、やみくもに既存ユーザーに紹介をお願いしても、なかなか応じてもらえるものではありません。紹介は責任が伴うものだというのがその理由の１つですが、それ以上に紹介したものを紹介した相手に気に入ってもらえなかったときのネガティブな感情を想像すると気軽にできることではないのです。**こうしたハードルをクリアするためには、ユーザーが親しい人に紹介したくなる「紹介体験」の設計が必要です。**そしてその設計に基づき、計画を立て、PDCA サイクルを回しながら絶えざる改善を続けていく必要もあるのです。

　要するに他のマーケティング手法と同じく、設計と PDCA サイクルが大切ということですが、リファラルマーケティング特有の考え方やノウハウが必要なことはいうまでもありません。

　ところが私たちが調べた限りでは、リファラルマーケティングに特化した書籍は 2015 年に上梓された『リファラルマーケティング』（アイヴァン・マイズナー、マイク・マセドニオ、アチーブメント出版）という翻訳書ぐらいしかありませんでした。これは 400 ページ以上にも及ぶ大著であり、また良書でもあると思うのですが、残念ながら出版年が古いため最新の知見が取り入れられていません。最新のリファラルマーケティングを網羅的・体系的にまとめた本が必要です。それが世の中にないのなら、僭越ながら私たちが書くしかないと考えた次第です。

　私たちクリエイティブホープは、新規・既存にかかわらずあらゆる事業のデジタル戦略立案から実装および運用までを一貫してサポートするコンサルティング＆テクノロジーカンパニーです。その中にリファラルマーケティングに特化した運用ツール「invy（インビー）」をベースに、リファラルマーケティングの支援事業を行う事業部があります。その事業部が本書を書いているのです。

invy は 150 社を超える導入実績があり、銀行からエステサロンまでありとあらゆる業界で利用され、実際に効果を上げています。クリエイティブホープが自社開発したもので、私たちのリファラルマーケティングに関するノウハウが凝縮されたツールです。前述した通り、私たちは戦略立案から運用までを一貫してサポートする会社であり、invy 導入に関しても同様です。つまり 150 社以上のリファラルマーケティングで、戦略の立案から運用にまでかかわってきたということです。リファラルマーケティングに関してこれほど豊富な経験と実績を持つチームは、少なくとも国内では唯一ではないかと思われます。

私たちのモットーは、**「提供するのはシステムではありません。リファラルマーケティングでの貴社の成功です」**というものです。ツールを販売している会社ではないということであり、本書も invy を紹介するものではなく、基本的に invy の説明もしていません。あくまでリファラルマーケティングで成功するための考え方や勘所について網羅的・体系的にまとめたものです。

本書を読むことで、今までリファラルマーケティングについてまったく知らなかった方でも、その全貌を把握し、紹介を科学し、理想的なビジネスサイクルをつくれるようになれるはずです。

貴社が丹精込めてつくり上げた商品や練り上げてきたサービスを 1 人でも多くの人に、しかも少ないコストで知っていただくために、ぜひとも本書をご活用ください。貴社のリファラルマーケティングの成功を私たちは願ってやみません。

（本書をご覧いただく際の注意書き）
本書では、原則として以下の通りに用語を使います。
現場スタッフ：営業パーソンと店舗スタッフをまとめてこう呼びます。
商品：特に区別する必要のない場合、商品とサービスを合わせて商品と呼びます。
顧客、ユーザー：文脈によって使い分けていますが、厳密な区別はありません。
ゲスト：紹介される相手（友人、知人、家族等）
紹介者：商品を紹介する人

第 4 部　リファラルプログラムの設計と運用 …………… 201

第 13 章　ターゲット設計 …………… 205

第 14 章　紹介フロー設計 …………… 215

第 15 章　成果計測設計 …………… 223

第 16 章　　コミュニケーション設計

第 17 章　　告 知 設 計

第 18 章　　特 典 設 計

第 19 章　効果シミュレーション ………………………………………………… 287

第 20 章　プログラム計画 ……………………………………………………………… 293

第 21 章　プログラム運用 ……………………………………………………………… 297

ブックデザイン	三森健太＋永井里実(JUNGLE)	編 集 協 力	杉野遥
図 版 制 作	二神さやか	企 画 協 力	塚越雅之(Tidy)
Ｄ Ｔ Ｐ	キャップス	校　　　正	広瀬泉
執 筆 協 力	森川みゆき		

本書執筆陣

藤井廣男（ふじい・ひろお）

株式会社クリエイティブホープ 取締役

2010年より（株）クリエイティブホープに参画。企業のマーケティングや経営のコンサルティングや新規事業開発支援に数多く従事。現在は、取締役兼CMOとしての活動に加えて、自社プロダクトの立上げやビジネスオーナーとしても活動中。他にも、企業の経営顧問や起業家・起業家候補のメンタリング活動やアクセラレーションプログラムの運営支援に従事。

冨依美音（とみより・みお）

株式会社クリエイティブホープ
invy事業部チーフマネージャー

京都大学大学院人間・環境学研究科卒。2020年より株式会社クリエイティブホープinvy事業部に参画。カスタマーサクセスマネージャー、翌年度よりセールス兼パートナーサクセスマネージャーとして延べ100社以上にリファラルマーケティング提案を実施。今年度よりinvy事業部チーフマネージャーとして全体統括・事業推進に携わる。

熊澤紅奈（くまざわ・こな）

株式会社クリエイティブホープ
invy事業部プロダクトマネージャー

2013年より（株）クリエイティブホープに参画。WEBディレクターとして、多くの企業のデジタルマーケティングの改善を実施。その後、invy事業部初期立ち上げメンバーとしてサービス開始。営業、マーケティング、カスタマーサクセス、開発/制作ディレクションなど幅広く行う。

亀井晃成（かめい・こうせい）

株式会社クリエイティブホープ
invy事業部マーケティングプランナー

2021年より株式会社クリエイティブホープinvy事業部に参画。現在セールス、マーケティング、カスタマーサクセスを担当。キャンペーン新規提案や、クライアントへの改善提案など課題解決に取り組む。invyを通じて幅広い業界のリファラルマーケティングのDX支援を行う。

第 1 部

なぜ今「紹介」なのか?

今、リファラル（紹介）マーケティングが注目されています。ビジネスにおいて紹介は昔から重要視されていますが、ここ数年でとりわけ注目されるようになっている理由は、これまでのマーケティング手法に不満や行き詰まりを覚えている人が多いからです。それも顧客、事業者（マーケティング本部）、現場スタッフの3者それぞれが感じているのです。

　顧客においては、商品の多様化とともに情報が溢れ、商品を選ぶのが難しい。場合によってはもはやストレスになっています。
　事業者においては広告費の高騰が悩みの種です。マス広告はいうまでもなく、安価といわれてきたインターネット広告も年々単価が高くなっていく一方です。広告費が高くなっても、効果は大きく変わらないとなれば、広告の費用対効果が年々下がっていくことになります。何か代替手段が必要です。
　現場スタッフにおいては、セールスが年々難しくなっています。特に店舗では、実物を店舗で見てから、インターネットで一番安い商品を探して購入することが一般化し、どうすれば店舗で売り上げに貢献できるか（現場スタッフの正当な評価やモチベーション維持）と多くの企業が真剣に悩んでいます。

　そこで紹介が求められるようになったのですが、いざ紹介をしてもらおうとしても従来のプログラムではなかなか紹介には至りません。紹介してくれるように依頼する相手は購入者やユーザーになりますが、「紹介をお願いします」と言われても、誰に何を伝えたらいいのかわかりません。紹介カードなどを用意しても、それを常に持ち歩くのはかさばりますし、紹介するチャンスがないとそのうち忘れてしまいます。
　紹介を担当する現場スタッフに対しては、まず紹介制度があることさえ周知されていないことがあります。また紹介を誘発しても、評価されなければ不満に思うスタッフもいます。また紹介手法が属人化して共有されておらず、人によってスキルに大きな差があるという問題もあります。

本部は本部で、現場とうまく連携できていないと悩んでいます。また
スタッフを正当に評価したいと思ってはいても、実績の集計などに手間
が掛かり、結局きちっとした評価ができないでいます。改善したいと思
っていても、改善の手法を知らないために着手できない会社も多いので
す。

　要するに従来のリファラルプログラムでは、購入者・ユーザーにおい
ては紹介そのものの機能性やUX（ユーザー体験）、現場スタッフにおい
ては目的理解の推進や接客設計、本部においてはノウハウや管理システ
ムが不足しているわけです。
　そこで第1部では、顧客、事業者、現場スタッフのそれぞれの視点か
らリファラルを見直し、「なぜ今リファラルマーケティングなのか」に
ついて、深掘りしていくことにします。

第 **1** 章

顧客視点から見る
リファラル

顧客同士にどういう紹介メリットがあるか？

　マーケティングやブランディングにおいて何よりも重要なことは、いかに顧客視点で考えられるかということです。リファラルマーケティングを考えるにあたっても例外ではありません。特に「お客様（ご利用者様）があってこその紹介」ですから、顧客視点の重要性は他のマーケティング手法よりも際立っているといっていいでしょう。

　顧客にとって何らかのメリットがなければ、わざわざ紹介などしてくれません。そこでまず、事業者側がリファラルプログラムを用意することで顧客にどんなメリットがあるかを考えてみましょう。

　まず紹介を依頼される側、すなわち紹介者のメリットです。1つ目として、紹介が商品への愛着を高めるきっかけとなることです。紹介した商品に対する紹介する相手（友人・知人など、以下「ゲスト」と呼びます）からの反応が良ければ、紹介者は自分の選択が間違っていなかったことを実感できます。これは企業側にもメリットではありますが、紹介者にとっても商品への愛着が増すのはうれしいことです。

　2つ目は、ゲストとの関係がより良くなることです。これはもちろんゲストが気に入ってくれればではありますが、気に入ってもらえたときの関係性の向上幅は大きいといえましょう。

　3つ目は、紹介によるインセンティブです。紹介者にはもちろんインセンティブが必要ですが、それ以上にゲストにインセンティブがあると紹介者は大きなメリットを感じます。最も大きなメリットは、ゲストに喜んでもらえることでしょう。

　次にゲストのメリットです。1つ目は、具体的な体験談や使い勝手について教えてもらえることです。2つ目は、そのような有益な情報を信頼できる相手からもらえることです。3つ目は、紹介経由のみのインセンティブがあることです（紹介者の3つ目のメリットと同じです）。

以上、メリットを挙げましたが、逆にいえば、リファラルプログラムを考える際には、これらのメリットが欠けないようにすることが重要です（図1）。

［ 図1 ］ **リファラルプログラムの顧客メリットとは**

世の中を動かしてきた紹介

　顧客同士（紹介者とゲスト）のメリットを見てきましたが、紹介が行われることで自社（事業者）にもメリット（新規顧客になる可能性の高い見込み客の獲得）があるわけですから、これは「売り手（自社）良し、買い手（紹介者）良し、世間（ゲスト）良し」という近江商人の**「三方良し」**の考え方につながるものと考えていいかもしれません。

　近江商人の考え方は、現在でもビジネスの基本戦略として重要視されている**「ロイヤルカスタマー戦略」**と同じです。上得意客を大切にするという考え方で、近江商人に限らず、日本の商いの伝統でもあります。上得意客の条件の１つは新しい顧客を紹介してくれることであり、そのような「儲けさせてくれるお客」をことさら大切にしてきたということ

です。

　また少し大げさかもしれませんが、勝海舟が坂本龍馬を西郷隆盛に紹介したことが、後の薩長同盟につながるなど（異説もありますが）、紹介が歴史を動かしてきた事例もたくさんあります。紹介の力の大きさを侮ってはいけないと感じます。

顧客が紹介したくなる「感動」ポイントとは？

　あなたは、最近利用したブランドで素晴らしいと感じたものはありますか。あったとしたら、なぜ素晴らしいと感じたのでしょうか。もしあなたがリファラルマーケティングの担当者だとしたら、まずこの問いについて考えてみましょう。

　というのは、顧客は何らかの感動がないとなかなか紹介してくれないからです。インセンティブが欲しくて紹介するケースもあるかもしれませんが、そのような場合は紹介する商品自体もありふれたものでしょう。ある程度好みがあったり、人によって評価が分かれたりしそうな商品はなかなか紹介しにくいものです。場合によっては、紹介することによって自身の評価が下がったり、人間関係が壊れたりするリスクがあるからです。

　では人に勧めたくなるほどの感動とはどのようなものでしょうか。それにはいくつかのポイントがありますが、そのポイントが時代とともに変わってきていることを押さえてください。

　ポイントは①手頃な価格②充実した機能③利便性の高いサービス④高い体験価値・時間価値⑤顧客の成功（カスタマーサクセス）の5つです。数字が小さいものほど昔からある感動ポイントで、大きいものほど新しい感動ポイントです。そして新しいものほど感動が大きく（＝差別性が大きい）、価格やLTV（顧客生涯価値）が高くなっています。

　また新しくなるほど抽象度が高くなっています。価格はわかりやすく、

比較も容易ですが、体験価値やカスタマーサクセスの例を出せと言われてすぐに思い浮かぶ人はなかなかいませんし、比較も難しいでしょう。しかし顧客から見たら歴然とした差が感じられるため、これらが感動ポイントとなっているわけです（図2）。

　時代によって変わってきていますが、従来の感動ポイントの効果がなくなったわけではありません。今でも「えっ？　こんな素晴らしいものがこんな値段で買えるの？」というのは効果的です。ですが、どの感動ポイントでも期待を超えるものでないと感動を呼ばないのは同じで、古いものほどハードルが高くなっています。そして新しいものほど効果が高く、しかも長続きします。したがって**体験価値やカスタマーサクセスでの感動を狙っていくほうが費用対効果は高い**と考えられます。

[図2] **紹介を促進する「感動ポイント」**

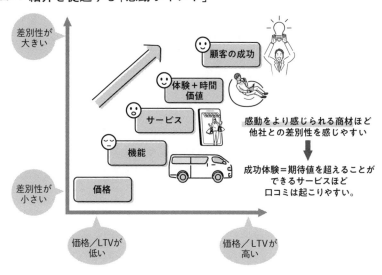

出典：田所雅之『起業大全』ダイヤモンド社

そもそもブランディングとは?

　ここで思い浮かぶのは**「ブランド」**という言葉です。ブランドの定義はいろいろありますが、ここでは「見聞きした瞬間にユーザーの頭の中に浮かぶ独自イメージ」ぐらいの定義だと考えてください。

　現在、世界一ブランド価値が高い企業はアップルだそうです（インターブランド「Best Global Brands 2021」による）。確かにアップルと聞くと、頭の中にいくつかのイメージがパッと浮かびます。それはナイキやルイ・ヴィトンなどでも同じです。まずはロゴが浮かびますし、次いで企業や商品の持つイメージも湧いてきます。

　企業がブランディングをする目的は差別化を図るためですが、ユーザーから見ればブランドは認知や選択を容易にしてくれるものです。「それを選んでおけば間違いない」という信頼に対して高い金額を払うわけですし、また多くの人が価値を認知しているからこそ払った金額以上の満足感を得ることができるのです。

　このように企業の思惑（差別化による高額化）とユーザーの利便性（認知や選択に役立つ）が一致していればブランディングに成功していることになりますが、多くの場合**他社との差別化ポイントが複雑でわかりにくく、どれも同じようなものに見えてしまう**のが昨今の傾向ではないでしょうか。

　ブランドがもたらす価値として、実利価値、情緒価値、感性価値、共鳴価値の４つがあり、ブランディングに成功している企業は、この４つの価値のすべてがユーザーと共有できています（図3）。そうして初めて、「アップルはいいね！」「ナイキは最高！」となるわけです。そしてあくまで「共有」ですから、企業側が押しつけられるもの（コントロールできるもの）ではありません。**ブランドの良さを表現するためにはユーザーの力が必要**なのです。

実利価値	情緒価値
品質や性能、ユーザビリティがもたらす価値	使用実感や体験などがもたらす価値
感性価値	共鳴価値
デザインやイメージなどがもたらす価値	自己表現や社会実現がもたらす価値

紹介されるほうが選びやすい

　そもそも現代は情報過多で顧客は選択にストレスを感じています。したがって企業は情報過多にならないようわかりやすく伝えなければ、見向きもされません。ロゴ1つで伝わるなら、顧客にとって、そして事業者にとってこれ以上楽なことはないのです。

　とはいうものの、そこまでのブランディングを一足飛びでできるわけではありません。何年、何十年もの地道な積み重ねが大事ですし、時折イノベーションを起こすことも必要です。第一歩としては、自社商品の情報を整理すること。整理できたら類似性の高い選択肢ではなく、独特の視点での選択肢を提供すべきです（言い換えると「土俵を変える」ということです）。また商品の不要な属性を強調しないようにしましょう。「あれもこれもできる」が顧客のストレスを高くしています。顧客は選択に費やす時間が限られていることも考慮して、簡単に選択できるような工

夫をすることが大切です。

そして**「簡単に選択できる工夫」**の最たるものが**「紹介」**です。あなたのブランドがまだまだ世界では認知されていないとしても、少なくとも紹介してくれる顧客はブランド価値を共有してくれているはずです。その人がゲストから信頼されているのであれば、ブランド価値がゲストにも伝わり、ゲストの判断を容易にしてくれることになります。これが紹介の持つ最大の効用です。つまり**紹介にはブランドと同じぐらいの効果がある**ということなのです。

あえて伝えないほうがいい価値を
紹介によって伝えてもらう

ここで気を付けないといけないことは、ユーザーが何に価値を感じているのかを知ることは大切なのですが、知ったことを企業側からすべて伝えるべきではないということです。

例えば「おてつたび」というサービスがあります。地方に行ってお手伝いをする代わりに、旅費や食事がもらえるというもので、募集側は人手不足などが解消できるし、応募側は旅費が節約できる上に貴重な体験もできる、さらに地域の活性化にも一役買っているというまさに「三方良し」（Win-Win-Win）のサービスです。

ここからはあくまで仮定の話なのですが、応募者の隠れニーズとして「出会い」があるとします。結婚や就職につながる出会いを求めている人が少なからずいた、という話です。もしそうだったとしても、それを前面に押し出して「結婚できるサービスです」「就職できるサービスです」としたらどうでしょうか。最大の魅力である「三方良し」の美しさが霞み、おそらく応募する人が減るだろうと思うのです（わかりやすくいえば「引く人」が出てくるということです）。

ところが紹介においては、むしろこういう類の会話が効果的かもしれないのです。「ねえ、この前出会いが欲しいって言ってたじゃない？」「うん」「で、旅行も好きよね？」「そうよ」「だったら『おてつたび』に応募してみたら？　安く旅もできるし、出会いもあるかもよ」。これが「お手伝いを募集していたから行ってみない？」だと紹介の効果は薄れることでしょう。

　とはいうものの、紹介者がこのように紹介してくれるとは限りませんし、そのように紹介してくださいと指示するわけにもいきません。そこはコントロールできない部分ですが、だからといって企業側から伝えてしまうのが最も良くないやり方なのです。

　ブランディングもリファラルマーケティングも徹底的に顧客目線に立つことが大切で、顧客目線に立てば、前面に押し出していいことと悪いことも区別が付くはずです。さらに面白いことには、**徹底的に顧客目線に立っていると、こういう「裏メッセージ」もなぜか伝わる**ものなのです。理論的に説明するのは難しいのですが、共感と信頼による阿吽の呼吸のようなものがおそらくできあがるのでしょう。科学的なエビデンスがなくて恐縮ですが、経験則として参考になればと思います。

　逆に怖いのは、いくら取り繕っても後ろ暗いことをしていると、それも最終的には顧客には伝わってしまうということです。これはいくらでも前例があるので、納得してもらえるのではないでしょうか。

　先ほど、紹介にはブランドと同じぐらいの価値があると述べました。別の見方をすると、顧客とのあらゆるタッチポイントでブランド価値を伝えるのがブランディングです。ただブランド価値は顧客が感じるものであり、押しつけもコントロールもできません。そこがブランディングの最も難しいところなのですが、紹介は企業が押しつけないという意味では**最高のブランディング手段**だということもできます。

　だからこそ紹介体験のデザインはとても大切なのです。あえていわないといったデリケートな部分もあることを知っておいてください。

口コミより紹介が重要な理由

　「はじめに」でも述べたように、ネットの口コミを純粋に信じている人は12%にとどまるのに対して、友人や家族からの口コミを購入時の参考にしている人は64%もいます。この「友人や家族からの口コミ」とはまさに「紹介」のことであり、これだけでも紹介の優位性がわかります（図4）。

　口コミで「バズり」を目指す、いわゆる**バズマーケティング**は、不特定多数での内容の薄い情報共有になりがちであり、また話題性、すなわちどれだけたくさんの人が知っているかが重要。一瞬で広がる代わりに、一瞬で消えていく傾向があります。

　一方で特定少数の間で行われる「紹介」は密度の濃い情報共有となり、着実にまた息長く伝わっていくものになります。

[図4] **友人や家族からの口コミを参考にしている人は多い**

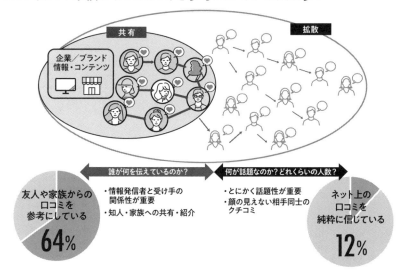

出典：全国消費者実態・幸福度調査 2020
https://www.pwc.com/jp/ja/knowledge/thoughtleadership/well-being-report2020.html
出典：三菱 UFJ リサーチ＆コンサルティング
「口コミサイト・インフルエンサーマーケティングに関するアンケート結果」
https://www.caa.go.jp/policies/policy/consumer_policy/policy-
coordination/internet_committee/pdf/internet_committee_180927_0003.pdf

これは**共有と拡散の違い**だといえます。共有はリファラルマーケティングであり、顔の見えている人同士が、信頼に基づいて、長く続けるものです。拡散はバズマーケティングであり、顔の見えない人同士が、話題性に基づいて、アッという間に消費してしまうものです。共有は質、拡散は量だということもできます。つまり量より質の時代が到来しようとしているのです。

購入するときにどの年代でもよく参照される「メディア」とは?

　「友人や家族からの口コミを購入時の参考にしている人は64%」というデータをさらに詳しく見てみましょう。この数字は「全国消費者実態・幸福度調査2020」の中にある「商品やサービスを購入する際にどのメディアを参照することが多いか」という設問の回答結果によるものです（正確な数字は63.5%）（図4）。全性別・年代で最も参照頻度の高いメディアはテレビだったのですが、それに勝るとも劣らない高い参照頻度だったのが「友人・家族からの口コミ」すなわち「紹介」でした。特に女性では全年代で60%以上の高い参照頻度となっています。男性も軒並み50%以上でした。このデータからも、紹介の有効性がよくわかります。

私たちの独自調査の結果でも

　以下、私たちの独自調査による「顧客視点から見た紹介」に関する分析を見ていきましょう。
　まず「どういう間柄で紹介が行われているか」です（図5）。これは前項の結果と同様で、紹介する側もされる側も「家族・親友」が最も多く、次いで「職場や学校、子どものつながり」や「共通の趣味を持つ知人」が多くなっています。

[図5] 紹介はどういった間柄で行われているのか

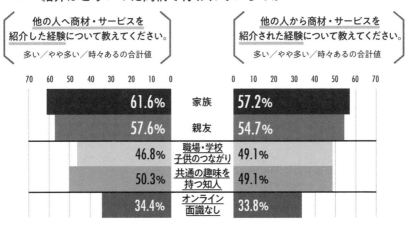

他の人へ商材・サービスを
紹介した経験について教えてください。

多い／やや多い／時々あるの合計値

他の人から商材・サービスを
紹介された経験について教えてください。

多い／やや多い／時々あるの合計値

家族	61.6%	57.2%
親友	57.6%	54.7%
職場・学校子供のつながり	46.8%	49.1%
共通の趣味を持つ知人	50.3%	49.1%
オンライン面識なし	34.4%	33.8%

2021invy調べ

　また、より身近な人からの紹介ほど影響力が強いという調査結果も出ています（図6）。

[図6] 身近な間柄ほど紹介の影響力は強い

それぞれの対象人物からの「紹介」は、商材・サービスの購入・利用検討にどの程度影響力がありますか？　購入・利用したい気持ちが高まる／やや高まるの合計値

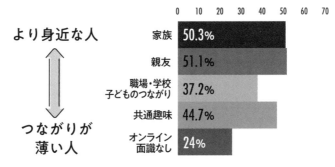

より身近な人

↑↓

つながりが
薄い人

家族	50.3%
親友	51.1%
職場・学校子どものつながり	37.2%
共通趣味	44.7%
オンライン面識なし	24%

2021invy調べ

プログラム感がある紹介に抵抗感を
持つ人もいる

　先ほど「紹介体験のデザインはとても大切」と述べたことの根拠を示す自社調査のデータもあります。商品を紹介したことがある人が45.9%いる中で、リファラルプログラムで紹介したことのある人は28.2%でした。また紹介される側でも、紹介されて利用した人が41.1%なのに対し、リファラルプログラムで紹介されて利用した人は32.1%でした。

　これは**「プログラム感」や「キャンペーン感」があると、紹介に対して遠慮、あるいは抵抗のある人が少なからずいる**ということです。したがって紹介を依頼する際には、プログラム感をあまり感じさせないように配慮するほうが良いといえます。

人は「好きだから」紹介する

　紹介する側の動機と、紹介される側の購入動機についても調査を行いました。紹介する側の動機としては、「紹介する相手が好きそうだった」および「（自分自身が）その商品・サービスが好きだった」が上位を占めています（図7左）。紹介する際には、商品への好感度が大きく関係することと、ゲストの趣味嗜好をもとに喜んでくれそうな相手に紹介していることがわかります。要するに**自分が気に入っていると同時に、相手も気に入ってくれると思う商品を紹介している**ということです。

　一方、紹介される側は商品の内容と価格によって購入するかどうかを決めています（図7右）。紹介してくれた人に対して、「利用しなければ悪いと思った」人は意外と少ないのもわかります。

紹介する動機と紹介される側の購入動機

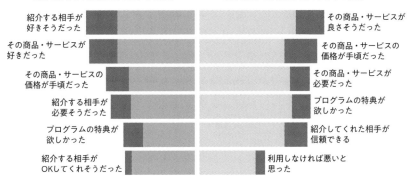

紹介する	紹介される
○商品・サービスの「内容」への好感度が大きく関係 ○相手の趣味趣向をもとに、紹介する相手を選んでいる	○商品・サービスの「内容」や「価格」が大きな要因 ○相手への遠慮の気持ちは低い

※当てはまる、非常に当てはまるの割合　　※当てはまる、非常に当てはまるの割合

紹介する相手が好きそうだった ／ その商品・サービスが良さそうだった
その商品・サービスが好きだった ／ その商品・サービスの価格が手頃だった
その商品・サービスの価格が手頃だった ／ その商品・サービスが必要だった
紹介する相手が必要そうだった ／ プログラムの特典が欲しかった
プログラムの特典が欲しかった ／ 紹介してくれた相手が信頼できる
紹介する相手がOKしてくれそうだった ／ 利用しなければ悪いと思った

2020invy調べ

　ちなみに商品・サービスを紹介する理由をストレートに尋ねた調査では、「その商品・サービスが好き」に当てはまる（やや当てはまる、当てはまる、非常に当てはまるの合計）人が75.1％、「その商品・サービスの品質が良い」に当てはまる人が75.3％、「その商品・サービスの価格が手頃」に当てはまる人が75.3％いました。

　つまり紹介の動機は、愛着度、品質、価格といった商品の本質部分にあるということで、やはり良質で価格も手頃なものは紹介されやすいわけです。**差別化ポイントがある商品ほど、リファラルマーケティングで販促を行うべき**ということになります。

特典があるから紹介するわけでもない

特典は紹介する動機としてどの程度影響するのでしょうか。

独自調査では、紹介する理由として「満足度に応じて紹介」が58.9%、「特典があるから紹介」が52.4%でした。特典は紹介する動機になり得るということですが、それ以上に満足度が重要ということです。したがって何に満足しているのか、何を気に入っているのかを紹介者が自覚しやすい仕掛けが大切ということになります。なぜなら自分が何に満足しているかを言語化するのは難しかったり、面倒だったりするからです。

一方で紹介される側が利用する理由としては、「友達のお気に入りだから」が54.1%、「特典があるから」が53.2%でした。これも必ずしも特典があるから利用しているわけではないということですが、特典を付けておくほうが無難だということもできます。

商材別に見る意識の差は?

商材別に見ると、飲食店や化粧品など安価なものや使用頻度が高いものほど紹介されやすく、高額なものや使うタイミングが限定的なものは紹介されにくい傾向があります(図8)。ただし、あくまで傾向であって、ブライダルサービスなどはかなりの数の紹介が発生しています。これはおめでたいイベントだから紹介しやすいのだと考えられます。こういった心理要因も組み合わせて考える必要があるということです。

一方紹介される側は、5人に1人が「住宅・不動産を紹介されたい」と答えていることから、紹介する側よりも金額面などのハードルが低い傾向があります(図8)。ある程度高額なものも、工夫次第で紹介につながる可能性は高まるということです。例えば、紹介プログラムの案内でプログラムを利用した顧客の声を載せるといった工夫が良いでしょう。

[図8] 商材別の意識調査

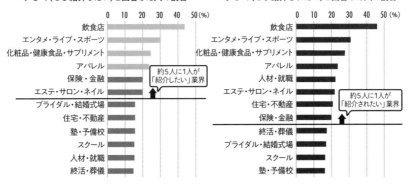

2020invy調べ

顧客の気質によっても紹介行動が変わる

　新しい商品の普及率に関する理論に **「イノベータ理論」** があります。これは商品の普及率に合わせて消費者を5つの層に分けるもので、初期2.5％をイノベータ（革新者）、次の13.5％をアーリーアダプタ（初期採用者）、その次の34％をアーリーマジョリティ（前期追随者）、その次の34％をレイトマジョリティ（後期追随者）、残りの16％をラガード（遅滞者）と呼んでいます。

　この分類によれば、紹介者、ゲストともにいわゆる「新しいもの好き」ともいえるイノベータやアーリーアダプタにアプローチする施策が良いといえます。私たちの独自調査でもイノベータやアーリーアダプタは紹介する、紹介されることに対して意識が高いことがわかっています（図9）。

[図9] イノベータ理論に基づく分類による紹介経験の調査

		イノベータ	アーリーアダプタ	アーリーマジョリティ	レイトマジョリティ	ラガード	全体
紹介する	商品・サービスを紹介	52.2%	66.7%	53.4%	27.6%	18.1%	45.9%
	紹介プログラムで紹介	47.8%	51.0%	25.0%	14.5%	16.9%	28.2%
	紹介プログラムで複数人に紹介	60.9%	40.6%	24.0%	10.5%	10.8%	24.7%
紹介される	商品・サービスを紹介されて利用	56.5%	50.0%	47.1%	31.6%	20.5%	41.1%
	紹介プログラムで紹介されて利用	60.9%	44.8%	31.9%	27.6%	14.5%	32.2%

N=400　　　　　　　　　　　※各項目について「当てはまる」「非常に当てはまる」を選択した人の割合

2021invy 調べ

　これは、紹介する側も紹介されて利用する側も、情報感度が高い人が多いということを意味しています。そういう人同士のコミュニティまたは人脈があって、まだ世間一般に知れ渡る前に情報感度の高い人同士で商品を紹介し合っている可能性があるということでしょう。実際、Z世代と呼ばれる若い人たちにはそういう傾向が強く、Instagram や TikTok などの SNS 上で、まだあまり知られていないが良いと思うものを紹介し合っています。

　逆の見方をすれば、リファラルマーケティングに成功すると情報感度が高い客層と出会える可能性が高いことになります。

　また商品ライフサイクルでいえば、まだ新しい商品のほうがリファラルの効果が高く、成熟した商品、つまりある程度知れわたっている商品ではリファラルの効果が低いことも読み取れます。

イノベータ理論と紹介の関係性に関する調査レポートをダウンロード≫
https://s.creativehope.co.jp/invy_download_data_01

コミュニケーションタイプによる特徴

　人にはコミュニケーションのタイプがあり、それによって紹介経験に差があることもデータから読み取れます。

　コミュニケーションタイプは大きく2つに分かれます。1つは**「共感・コーチング型」**で、もう1つは**「ティーチング・主導型」**です。それぞれ、共感・コーチング型はモチベーターとフォロワー、ティーチング・主導型はインパクターとクローザーの2つずつに分けることができます。それぞれの役割とその人に対するコミュニケーションのポイント、および割合を図にまとめています（図10）。

[図10] **コミュニケーションタイプとそれぞれの紹介経験の割合**

	モチベーター	フォロワー	インパクター	クローザー
タイプ	共感・コーチング型		ティーチング・主導型	
役割	利用動機を つくる	不安を解消する	気づきを 与える	決断を させる
コミュニ ケーション ポイント	利用メリット	温度感に敏感	背中の後押し	迷いの払拭
invy調べ 割合	37.2%	24.2%	20.7%	18.0%

2021invy調べ

　このうち紹介経験が多いのはモチベーターとインパクターで、ゲストが家族、親友、職場・学校・子どものつながり、共通趣味のどれでも積

極的に紹介行動をしているのがわかります。大分類は違っていても、どちらも「教えたい」気持ちが強いからでしょう。

男女による違い

　男女による違いもあります。これは定性調査（アンケートや聞き取り）によるもので、例外も多いのですが、リファラルプログラムを考える際の参考になると思います（図11）。

男女別に見るリファラルの傾向

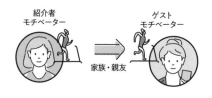

女性のリファラルは共感型

女性のリファラルは共感型

紹介者
モチベーター

家族・親友

ゲスト
モチベーター

ターゲットが共感できるように
「サービスのわかりやすさや不安の解消」
必ずしもゲスト特典がなくてもOK。

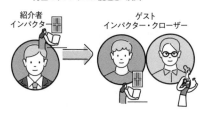

男性のリファラルは優越感

男性のリファラルは優越感・漢気（おとこぎ）

紹介者
インパクター

ゲスト
インパクター・クローザー

紹介相手に対してそのサービスや商材が
次のトレンドやそれが定着しそうだという
気づきを与える。

迷わせるのではなく決断させること。
特典をフックにこの紹介にメリットが
あることを伝える。

　女性のコミュニケーションは共感型とよくいわれますが、リファラルにおいても**女性は共感型の人が多い傾向**があります。ゲストが共感しやすいように、サービスをわかりやすく伝えることや不安の解消がリファラルの特徴になっています。リファラルの相手は、家族や親友が中心。また紹介者もゲストもコミュニケーションタイプでいえば、モチベーターが多くなっています。

一方、男性は自分が先にその商品に気づいていた優越感や、良いものがあるので気づかせたいという「漢気」^{おとこぎ}がリファラルの動機になっています。紹介の仕方も迷わせずに決断させること、特典を伝えることでメリットを強調する点に重点が置かれます。親友に紹介するのは女性と同じですが、同僚や後輩に紹介したがるのが女性とは異なるところです。紹介者はインパクターが多く、ゲストは同じインパクターかクローザーが多いところも、女性とはかなり異なっています。

第 2 章

事業者視点から見る
リファラル

紹介がもたらす事業者メリット

　顧客に続いて、事業者の視点でリファラルを見ていきましょう。事業成長で大切な顧客接点の持ち方や、成長要因として注目されるリファラビリティとは何か、そしてデジタルマーケティングの振興に伴うリファラルへのニーズなどについてお話ししていきます。

　まずは、顧客についても見たように、紹介が事業者にどのようなメリットをもたらすかです。

［図12］ **紹介がもたらす事業者メリット**

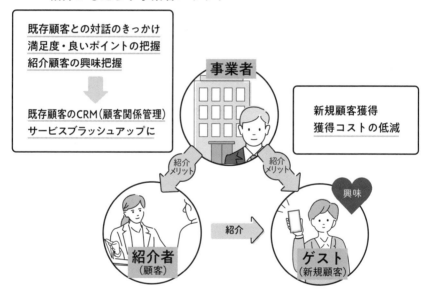

　紹介は事業者から見ると、「既存顧客との対話のきっかけ」「顧客満足度や良いと思っている点の把握」「ゲストの興味の把握」の３点に有効です。それによって、既存顧客向けの CRM（顧客関係管理）施策だけでなく、サービスのブラッシュアップへの活用が可能です。一方で、新規顧客向け施策としては、「新規顧客の獲得」「顧客獲得コストの低減」に

つながります（図12）。

顧客リテンションを意識している企業が成長している

　新規顧客を低いコストで増やすことが事業者のメリットになることは自明ですが、CRMやサービスをブラッシュアップするのがなぜメリットなのでしょうか。

　それは顧客のリテンション（顧客維持）を意識している企業が圧倒的に成長しているからです。

　現代では、企業経営には**「デザイン思考」**が重要だと考えられています。デザイン思考とは顧客視点に立ってニーズを考察し、商品・サービスをつくる＝デザインすること。この思考には顧客とのリテンションを重要視することも含まれています。アメリカのコンサルティング会社DMIとMotiv Strategiesの調査では、**デザイン思考を意識している企業とそうでない企業の株価を比較すると、10年で2.28倍もの差が付いているというデータがあります。**これは「企業の成長には顧客とのリテンションが深くかかわっている」ということを示しているといえるでしょう。

　リテンション（retention）とは、もともと保持や維持といった意味の英語で、ビジネスの世界では主に人事とマーケティングで使われる言葉です。人事の場合は人材確保、マーケティングの場合は顧客維持の意味になります。本書はマーケティングがテーマなので、顧客維持の意味で使います。

　マーケティングでリテンションについて考える際には、**リテンションモデル**と**売り切りモデル**の比較をします（図13）。売り切りモデルとは、大量生産・大量消費の時代に主流だった販売モデルですが、つい最近までは当たり前の売り方でした。買ってくれる顧客なら誰もが対象で、そのためマス広告が主流でした。事業者にとっては買ってもらうまでが勝負であり、顧客にとっても所有することが1つの目的となっていました。

一方、リテンションモデルはこの15年ぐらいの間に出てきた販売モデルです。より成果を上げられる顧客層に集中し、効率的な広告を展開します。買ってもらって終わりではなく、買い続けてもらうことを重視します。所有ではなく使用をアピールし、したがって商品やサービスを従量課金や定額制（サブスクリプション）で提供するビジネスモデルが主流です。テクノロジーの発達によって、必要なときに必要なだけ使えるサービスが実現できるようになったからこそ可能になったといえます。

［図13］ 売り切りモデルとリテンションモデルの比較

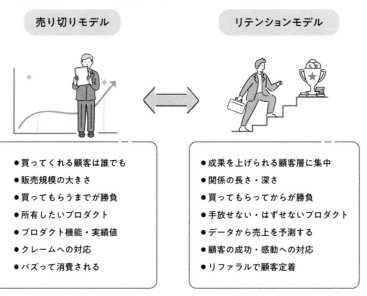

出典：田所雅之『起業大全』ダイヤモンド社

　売り切りモデルでは、顧客満足度は購入した時点がピークでその後時間が経つにつれて下がっていく傾向があります。そこで定期的に新商品を発売することが必要になりますが、既存顧客がその新商品を購入してくれるかどうかは定かではありません。
　一方リテンションモデルでは、継続的に顧客との接点を持つことにな

るので、その接点を機会として既存顧客を維持するためのアプローチを取ることができます。もちろん商品が気に入らなくなれば顧客は離れていきます。顧客が使用するたびにデータも取得できますので、そのデータを元にサービスを改善することで定着率を高めることができます。リテンションモデルでも新規顧客獲得は大切ですが、それ以上に既存顧客の離反防止のほうがずっと重要になります。新規顧客獲得よりも既存顧客維持のほうがコストを掛けずに済むからです。既存顧客１人を失った損失は、新規顧客１人を獲得した利益では埋め合わせできないので、リテンションモデルで利益率を上げるには、解約率の低減が最重要施策になります。

リテンションモデルにおける
リファラルプログラムの目的

リテンションモデルといえば、定額制サービスのサブスクリプションモデルが代表的ですが、ここでは「既存顧客へ定期的に働きかけることでその維持に心を砕くビジネスモデル」を広くリテンションモデルと捉えることにします。

では広義のリテンションモデルでリファラルプログラムを実施する目的は何でしょうか。１つは**低コストで新規顧客を獲得すること**です。新規顧客獲得コストは既存顧客維持コストよりもずっと高いため、解約率低減が最重要施策だと述べましたが、だからこそ少しでも新規顧客獲得コストを下げたいのです。新規顧客獲得コスト低減は、解約率低減の次に重要な施策です。

リテンションモデルはその性質上、既存顧客と定期的な接点を持たなければならないモデルですから、リファラルプログラムを提示する機会も定期的に訪れることになります。したがってリファラルマーケティングとは相性のいいモデルだといえます。もともとのモデルの施策上にリファラルマーケティングを上乗せするだけで済むので、低コストでリフ

ァラルプログラムを実施することができ、売り切りモデルよりも効果的に新規顧客獲得コストの低減をもたらすことになるわけです。

　しかしそれよりも大きな目的は、**リファラルプログラムを既存顧客維持に結びつけること**です。第１章で、「紹介を通じて商品への愛着度が高まる」と述べましたが、このことは当然ながら顧客の定着化につながります。既に指摘した通り、定期的に顧客接点を持つこと自体が顧客の定着化につながるのですが、その定着化をリファラルでさらに加速することができます。

　もう１つ重要なことは、新規顧客の離脱は契約して数カ月という早い時期が最も多く、それを超えると定着率が高まることです。となると**新規顧客の定着率アップが解約率低減には最も効果がある**といえます。商品への愛着を高めることができる紹介を通じて、新規顧客の愛着度を高め、定着率アップすることがリファラルによる既存顧客維持の勝ちパターンとなるのです。

「1:5の法則」と「5:25の法則」

　既存顧客との関係強化と解約率低減がいかに大事かを示す経験則を２つ紹介しましょう。

　１つは**「1：5の法則」**と呼ばれる経験則です。1は既存顧客の維持コストで、5は新規顧客の獲得コストです。既存顧客を維持して買い続けてもらうより、新規顧客を獲得するほうが５倍もコストが掛かるということで、いかに新規顧客の獲得に費用が掛かるか、なぜ既存顧客を大切にしないといけないのかが明確にわかる数字です。

　もう１つは、**「5：25の法則」**です。これは顧客離反率を5％改善すれば、利益率が25％改善されるという経験則です。リテンションモデ

ルを採用する企業が解約率の低減が最重要だという理由がこの法則を知れば理解できるでしょう。実際アメリカで、企業向けのサブスク型サービスをクラウドで提供している企業が、コロナ禍の影響で解約率が低減したために、それだけで増収増益になった例がいくつもあります。

事業成長をもたらす2つのループ

現代の事業成長を考える上で、CRMという既存顧客との関係構築の仕組みを回すのと同時に、リファラルによる既存顧客の友人・知人グループを囲い込んでいくループを回すことが重要ではないかと私たちは考えます。**CRMとリファラルこそが事業成長の両輪**だということです。

[図14] CRMとリファラルの両輪が事業成長をもたらす

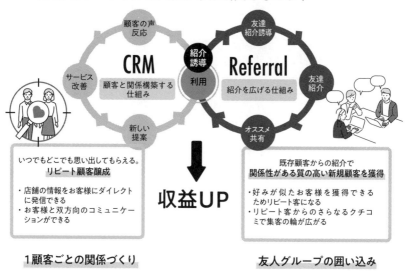

CRMの目的は、1人の既存顧客のサービス改善を図り、利用を増やすことです。それによって1顧客の評価（満足度）とサービス価値が向

上していきます。一方でリファラルは顧客数を増やすための施策です。新規に獲得した顧客は CRM のループにより利用が増えていきます。つまり CRM とリファラルの両輪で、顧客が増えながら、一人ひとりの利用が増えていくわけで、これが収益向上につながるのはいうまでもありません（図14）。

投資家も注目する成長要因「リファラビリティ」とは？

リファラルが事業にもたらすメリットは理解できるが、そもそも紹介してもらえるようにすること自体が課題だという会社もあるかもしれません。しかしそれこそ「そもそも論」になってしまいますが、顧客との関係構築がうまくいかないサービスは成功しないのです。そして関係構築がうまくいっていないサービスからは紹介は生まれにくいものです。本当に紹介が生まれないのであれば、まずはブランドが掲げる思想や姿勢に問題がないかを見直すべきではないでしょうか。

そこで最近、特にアメリカの投資家の間で、注目されている指標があります。「はじめに」で紹介したリファラビリティがそれで、**「ブランドにどれだけ紹介される力があるか」**を示すものです。

なぜリファラビリティが注目されているかといえば、これも「はじめに」でも紹介した**AARRR（アー）モデル**と関係があります。AARRR とは、Acquisition（獲得）、Activation（活性化）、Retention（継続）、Referral（紹介）、Revenue（収益）の頭文字を取った言葉で、サービスの成長段階を表しています（図15）。まずアクセスを集め、利用を開始してもらい、利用率を高め、紹介制度で拡散し、収益最大化を目指す、というもので、リーンスタートアップと相性が良いので普及しました。リーンスタートアップとは、必要最小限のサービス提供から始めることで素早くビジネスを開始し、徐々に機能やサービスを充実させてビジネスを成長させていく方法論です。

AARRRモデルの中でリファラルは、収益化の前段階にあります。つまり紹介が発生している状況は事業やブランドがかなり成長してきており、収益を最大化する一歩手前まで来ているということです。それで「紹介される力」であるリファラビリティがブランド力の指標として投資家に注目されているのです。

[図15] **AARRR（アー）モデルとは**

A Acquisition	**A** Activation	**R** Retention	**R** Referral	**R** Revenue
ユーザー獲得のための施策	より多くのユーザーに利用してもらうための工夫	獲得したユーザーに獲得して利用してもらうための施策	ユーザーから口コミや紹介で広がりをつくる仕掛け	収益最適化・最大化
〈指標〉 サイト訪問数 サインアップ数	〈指標〉 トライアルユーザーキャンセル率 継続トライアルユーザー数	〈指標〉 有料会員数 再訪ユーザー数 機能利用率	〈指標〉 紹介ユーザー数 被紹介者数 CV（コンバージョン）数	〈指標〉 ユーザー当たり獲得利益 1サービス当たり獲得利益

自社のリファラビリティをチェックしよう

　ここで簡単に自社のリファラビリティをチェックする方法があるので紹介します。それぞれの設問について回答し、トータルで何点になったかで、リファラビリティを判定するものです。

Q1：差別化のポイントはどこか？
・他社よりお手頃な価格　……　1点
・他社より充実した機能性　……　2点

・他社より利便性のあるサービス　……　3点

・他社より高い経験価値と時間価値　……　4点

・何よりも顧客の成功を大切にすること　……　5点

Q2：ビジネスモデルは？

・売り切りモデル　……　1点

・販売機会は1顧客当たり1、2回　……　3点

・サブスクリプションなどのリテンションモデル　……　5点

Q3：顧客からのフィードバックは取れているか

・取れていない　……　1点

・データはないが、よくある顧客の声は取得できている　……　2点

・アンケートなどを実施し、集計している　……　3点

・活用目的や評価軸など明確な仕組みがある　……　4点

・定期的に評価を行い、改善を図っている　……　5点

Q4：顧客成功支援はできているか？

・検討したことがない　……　1点

・クレームや問い合わせへの対応はしている　……　2点

・カスタマーサクセスチームを立ち上げている（立ち上げる予定）　……
3点

・予測的かつ積極的なカスタマーサクセス活動が行われている　……
4点

・カスタマーサクセスが全社組織のハブ（集約点）になっている　……
5点

Q5：CRM が存在しているか？

・ない（CRM とは何か知らない）　……　1点

・会員組織や会員データベースがある　……　2点

・限定的だが個客（顧客一人ひとり）へのアプローチができる　……3点

・マルチチャネルでのアプローチができる　……　4点

・マルチチャネルのデータが連携しており一元管理できる（オムニチャネ
ルができている）　……　5点

Q6：現場での紹介アプローチの状況は？

・まったくされていない ……　1点

・一部されているが、全社共通の意識付けが必要 ……　2点

・現場責任者の協力の上で進行中 ……　3点

・スタッフの意識が高く、成果が上がっている ……　4点

・誰がどれだけ紹介プログラムに貢献しているかを把握する仕組みがある ……　5点

　各設問での得点を合計すると最低で6点、最高で30点となります。その点数によってリファラビリティを評価すると、図の通りとなります（図16）。

ウェブでのリファラビリティ診断を実施する≫
https://s.creativehope.co.jp/invy/referability

［図16］リファラビリティチェックの判定表

6点～9点	これからの事業戦略を考え直す必要がある
10点～14点	既存顧客がまだまだ少ないので、まずは集客に取り組む必要がある。
15点～19点	顧客の声や関係構築への意識はあるが、行動するための仕組みができていない
20点～24点	優良な事業だが、データドリブンとカスタマーサクセス意識を掛け合わせることで、さらにレベルアップできる余地がある
25点～29点	かなりハイレベルな事業。カスタマーサクセスの体系化や見える化を完璧にすることを目指すべし
30点	ほぼ完璧。業界トップクラスだと推察する

ユーザーは使ってすぐ紹介する

　AARRRモデルではリファラルが最後から2番目の段階になっていますが、紹介が発生するまでじっくり時間を掛けろということではありま

せん。AARRR モデルは早期にビジネスを収益化する方法論なわけですから、Acquisition から Referral までは数カ月という短いスパンで到達するものなのです。

　実際、私たちが 2020 年に行った調査では「商品を使ってすぐ紹介する」という顧客が 65.5％を占めていました。一方で紹介をしたことがある顧客のうち、6 割以上が複数の人に紹介していることもわかりました。つまり**使い始めの早い段階で複数の人に紹介してもらうように誘導することが肝心**だといえます。

　これは第 1 章で紹介した「顧客の気質によっても紹介行動が変わる」とも関係しています（34 ページ）。「紹介者、ゲストともにいわゆる『新しいもの好き』であるイノベータやアーリーアダプタにアプローチする施策がいい」と述べました。この人たちが早い段階で複数の人に紹介してくれているのです。したがって紹介を誘導するに際しても、**イノベータやアーリーアダプタが関心を持つように誘導することが肝心**です。

スピーディなリファラル導入が成長を加速する

　AARRR モデルのような商品を成長させる打ち手としてリファラルが出てくることからもわかるように、**リファラルマーケティングの導入は早いに越したことはありません。**新商品投入など新規事業開始の際にリファラルマーケティングをいつからスタートすればいいかという相談をよく受けます。その都度、私たちは「早いほうがいいですよ」と答えています。

　事業開始当初からリファラルプログラムを告知していれば、新規顧客しかいない段階ですから高い紹介率が見込めます（新規顧客がすぐに複数の紹介をするということを思い出してください）。ところが事業開始から 4 カ月目にもなると、皆が既存顧客になってしまい、その時点でリファラルプログラムを告知しても多くの人がそれに関心を示さなくなり、最も早

期にサービスに関心を持ってくれた初期顧客からの紹介率は大いに下がってしまいます。累積紹介数はリファラルプログラムの告知を早い段階で始めるほど多くなります。**スピーディなリファラルプログラムの導入こそが事業成長の鍵です**（図17）。

［図17］ **リファラルプログラムの告知は事業開始当初から始めるべき**

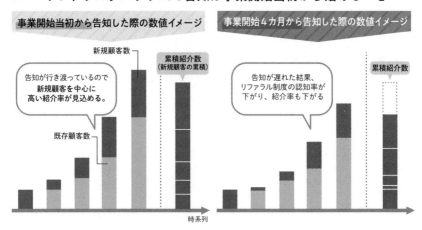

紹介したいブランドほど愛着度が高い
================================

　誰かに紹介したい商品を思い浮かべてもらい、その商品がなくなったらどのぐらい悲しいかをアンケートで尋ねたことがあります。その結果、「まったく悲しくない」「悲しくない」という愛着度低めの人が23.7％、「少し悲しいかも」という愛着度普通が47.7％、「悲しい」「とても悲しい」という愛着度高めの人が28.6％いました。

　この結果を基にした別の設問で、紹介したい相手が具体的に思い浮かぶかを尋ねたところ、愛着度が高めの人ほど相手が具体的に浮かびやすい、というデータも取れています。愛着度が高いブランドほどゲストが思い浮かびやすく、その結果**紹介したいブランド**として浮上してくるのではないかと考えられます。

リファラルで広告では出会えない層と出会える

　広告では出会えない層と出会えるのもリファラルならではの利点です。

　例えば広告では「ワイン好き」という特定の層をターゲティングし新規獲得するには、一定の広告費をかけなければ難しいといわれています。一方でワイン好きな方の周りには同じ趣味嗜好を持ったワイン好きの友達が多いのではないでしょうか。したがってワイン好きに届く情報を発信するのなら、ワイン好きのルートでの口コミ紹介をたどっていくほうが効率が良いわけです。

　同様に、オンライン広告でのアプローチが難しいといわれるシニア層に対しては、家族からの口コミ紹介ルートをたどるのが効率的です。

PMFを達成している商品ほど紹介されやすい

　PMF（Product Market Fit）という言葉があります。「商品やサービスが特定の市場において適合している、すなわち顧客に受け入れられている状態」という意味です。

　アメリカの投資家マーク・アンドリーセン氏によれば、スタートアップが成功するにあたっては「顧客の課題を満足させる商品」であることと「適切な市場を選択し、そこで受け入れられている」ことの両方が成立している必要があります。いくら画期的な商品であっても市場に受け入れられていなければ売上は上がらず、資金力の乏しいスタートアップは事業が軌道に乗る前に経営リソースが枯渇してしまうからです。

　スタートアップに限らず、社運を懸けた新商品でもない限り、新商品にはあまり予算が割り当てられないケースが一般的です。したがって商品そのものの良さだけでなく、**PMF を早期に達成すること**が新商品を

<u>普及させるための鉄則</u>となります。

　PMF達成のための条件としてよくいわれるのは、「誰に」「なぜ」が明確だということです。つまりターゲットが明確で、存在理由がわかりやすい商品ほど市場に受け入れられやすいのです（図18）。

　ターゲットが明確で、存在理由がわかりやすいことは、紹介しやすいことでもあります。ターゲットが明確だということは、その商品を使っている人は、自分向けの商品だと認識していることに他なりませんから、誰に紹介したらいいかも思い浮かびやすいということになります。また存在理由がわかりやすいということは、その商品を紹介する理由をゲストに説明するのが容易だということです。<mark>ゲストと紹介理由が思い浮かびやすいから、紹介も起こりやすい</mark>という理屈になるわけです。

　逆にPMFを達成していない商品は、誰にどうやって紹介したらいいかわからないため、紹介も起きにくくなるのです。

［図18］**PMFを達成するにはターゲットの明確化が重要**

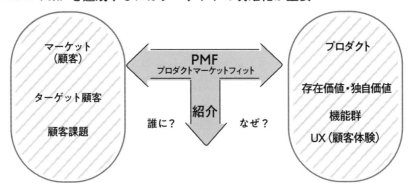

BtoBの購買は紹介・口コミから
始まることが多い

　リファラルマーケティングといえば個人消費者向けのBtoCビジネスがイメージされますが、法人向けのBtoBビジネスにも有効です。

BtoB ビジネスにおいては、顧客側で課題認識、情報収集、比較検討というプロセスを通ってから提供企業に問い合わせが入るという流れが一般的です。以前は課題認識の段階で顧客が展示会に来て、ブースにいる営業と話をするのが一般的だったので、課題認識の段階から見込み客の状況を把握できていました。

　今ではこういう顧客は少数派になっています。オンラインを中心に、企業側から見えないところで情報収集・比較検討することが一般的になりました。展示会に来るのは単に実物を確認するためですから、名刺を置いていかないのです。BtoC の顧客が店頭で実物を見て、EC サイトで購入するのと似ています。

　そのため現在では、**顧客の購買プロセスの 60％は提供企業側から見えなくなった**といわれています。その対策として MA ツール（マーケティング活動のサポートツール）を導入し、顧客側の資料請求等の動向から購買プロセスのどの段階に顧客がいるかを探るという手法が普及してきました。

　MA ツールによる状況把握はもちろん大切な取り組みですが、どちらかというと受け身的な手法だといえます。対して事業者側から積極的に働きかける方法もあり、それがリファラルなのです。実は **BtoB の経営者（エグゼクティブ）の 73％は、知り合いから紹介された営業担当者と仕事をすることを好む**というデータがあります（International Data Corporation (IDC) 調べ　2014 年）。よく聞くのが、中小・中堅企業の経営者が、勉強会等で知り合った他社の経営者に悩みを相談したところ、実際に使って効果を感じた商品を紹介してもらった、という話です。

　したがって BtoB 企業においても、自社の顧客にリファラルプログラムを仕掛けて、他社に紹介してもらうのは有効だと考えられます。

事業者にとって大切な顧客とは?

リファラルやリファラビリティの重要性が広く理解されるにつれて、企業にとって大切な顧客の定義も変わりつつあります。

ずっと以前は「お客様は皆神様」という時代もありましたが、高度成長経済も終わり、バブルも弾けてしまい、そういう時代は遠い過去になりました。企業活動には無駄が許されないようになり、どんなことにも費用対効果、投資対効果が求められるようになったからです。

新規顧客コストに対しても、見合う収益がシビアに求められるようになり、生涯を通じて自社にどれだけお金を払ってくれるか、つまりLTV（顧客生涯価値）が高い顧客が大切な顧客となったわけです。

それが十数年前ぐらいのことだったのですが、その後また変わりつつあります。**LTVだけでなく、リファラル価値が高い顧客も大切になりつつある**のです。リファラル価値とは自社をどれだけ紹介してくれたかを金銭に換算したときの価値です。飲食店でいえば、新規顧客を連れてきてくれる常連さんのようなものです。その人自身の飲食代のトータル（LTV）はそれほどでなくても、連れてきたお客がお金を使ってくれるのであれば、自身でたくさん飲み食いする他のお客以上に大切な顧客と評価すべきということです（図19）。

[図19] **今後大切にすべきは「LTVとリファラル価値が高い顧客」**

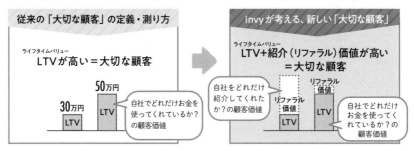

広告費高騰への対策にもリファラルは有効

広告費の高騰が企業にとって大きな課題になっています。多くの企業は、コストパフォーマンスの高さから（理由はそれだけでなく、明確な効果測定ができる、収集データがマーケティングに活用できるといったこともありますが）、マス広告よりもインターネット広告の活用を進めてきました。ところがインターネット広告の単価の多くがオークション形式で決まることもあって、広告単価が年々高くなっているのです。アライドアーキテクツ社が自社の Facebook と Instagram における広告運用実績を調査したところ、CPC（コスト・パー・クリック＝クリック単価）が 2017 年から2019 年までの 3 年間で約 2 倍になったそうです。

オークション形式の広告は需要に対する供給量により市場価格が変動します。つまり一般市場での広告出稿量が伸びれば、必然的に高騰してしまうのです。実際、インターネット広告費は年々増え続けています（電通「2021 年　日本の広告費」）。出稿量の増加、市場価格の高騰が起きていることは間違いありません。「自社のインターネット広告運用実績を見る限り価格が高騰している」という企業は多く、だからこそより費用対効果の高い広告手法はないかと私たちに相談する企業が増える一方なのです。

中には「ウェブ広告に年間で数億円を投入し、新規顧客にアンケートを採ったところ、2 人に 1 人は友達からの紹介でサービスを導入していた」という笑えない話もあります。このような実績をしっかり把握している企業も増えており、リファラルに注目する企業がこの数年で増えている実感があります。

私たちのクライアントの中には、他の広告宣伝費の大半を削り、サービス導入の入口の 7 〜 8 割を友人紹介にしようという取り組みを始めた会社もあります。また主にウェブ広告を使って新規顧客獲得単価が 1 人

当たり約1万円だったところ、リファラルを活用することで半分の約5,000円になったという会社もあります。

　かつて PayPal のリファラル施策に60万〜70万ドルを投下したイーロン・マスク氏は、冗談交じりに「Google にとっては豆粒みたいなものでしょ？」とコメントしたといいます。確かに当時でも、同じ効果を出そうとして今で言う Google 広告のような施策に費用を投下していたら、この額では済まなかったことでしょう。PayPal の成功を見て、Dropbox、Uber、Evernote、Airbub などの新興企業も追随。リファラルの成功によって瞬く間に巨大企業になっていきました。もちろんリファラルだけが成長要因ではありませんが、新奇性の高いイノベーティブなサービスにこそリファラルは向いているといえます。

長期方針を立てて、
商品とマーケティングを改善していこう

　「リファラルに取り組むのは早いほうがいい」と述べましたが、リファラル自体は継続していくべきマーケティングおよびブランディング施策ですので、長期的な方針を立てることをお勧めします。

　具体的にはフェーズを3つぐらいに分けて、段階的にリファラル活用に成熟していくという方針が良いと考えます（図20）。

[図20] リファラルを活用するための3つのフェーズ

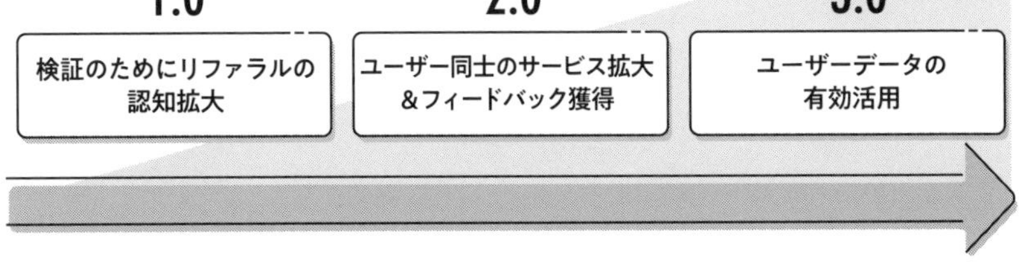

Phase
1.0

検証のためにリファラルの
認知拡大

Phase
2.0

ユーザー同士のサービス拡大
＆フィードバック獲得

Phase
3.0

ユーザーデータの
有効活用

フェーズ1.0では、検証のためにリファラルの認知拡大を行います。特色がある、ユーザーにメリットがある、あるいはターゲットが明確なリファラル向きの商品を、紹介を通じて広めていくことで、新規顧客を獲得しつつリファラル施策の認知も広げていきます。

　フェーズ2.0では、ユーザー同士でサービス拡大をする流れをつくり、そこからフィードバックとしてのデータを収集します。リファラルを通して、ユーザー同士が新規サービスを自然と広め合うようになっていきます。そして紹介発生の度合いが、商品に対するユーザー満足度の客観的なデータとなります。

　フェーズ3.0では、フェーズ2.0で収集したデータの有効活用を行います。紹介を通した得た行動データと、自社で蓄積されている顧客の趣味・嗜好・行動データを掛け合わせて分析し、仮説を立てて活用します。リファラルにとどまらない顧客の利便性向上（商品開発）やマーケティング精度向上に役立てるのです。

第 3 章

現場スタッフ視点から見る
リファラル

現場スタッフも紹介の担い手

　リファラルプログラムの設計および運用は本部のマーケティングスタッフが担当するものという考え方があります。しかし現場スタッフ（店舗スタッフおよび営業パーソン）がSNS等を活用して顧客と活発にコミュニケーションするようになった今では、そのような考え方は時代遅れです。今は、**顧客接点である現場スタッフこそリファラルプログラムの重要な担い手**なのです。

　第1章で、ブランドの評価ポイントは、①手頃な価格②充実した機能③利便性の高いサービス④高い体験価値・時間価値⑤顧客の成功（カスタマーサクセス）だと説明しました。それぞれのポイントで顧客に「感動」を最大に伝えられるのが現場スタッフであることも、彼らにリファラルプログラムで大きな役割を担ってもらいたい理由です。

　したがってリファラルの成果に応じて、現場スタッフを正当に評価することも大切になってきています（図21）。

[図21] **現場スタッフも紹介の担い手**

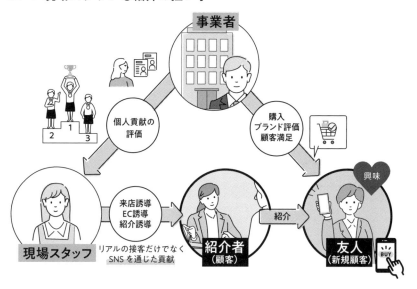

そもそも現場スタッフの役割は変わっている

　今までは店舗スタッフも営業パーソンも「モノを売る人」と考えられてきました。もちろん「モノを売る」という役割自体は変わっていないのですが、売り切りモデルからリテンションモデルへの移行が進んでいる今、「売って終わり」ではなくなりつつあります。

　さらに再三述べているように、商品そのものも商品情報も増えすぎてしまい、顧客が商品選択にストレスを感じています。このような状況でさらに商品を売り込まれても、ストレスが増大するだけです。顧客側としては、何を選べばいいのか相談できる相手が欲しいわけで、その役割を現場スタッフに期待しているのです。

　まとめますと、今や顧客は、現場スタッフに対して「モノを売る人」の役割を求めているのではありません。**「商品について一番詳しい人」「何を選べばいいか相談できる人」「購入時に背中を押してくれる人」といった役割を求めているのです。**そしてその期待に応えることができて初めて、現場スタッフは顧客の信頼を勝ち取れるのです。

スタッフによるソーシャル活動は 既に一般化している

　会社によっては社員の SNS 利用を禁止しているところもありますが、顧客が SNS を利用しているわけですから、現場スタッフも利用せざるを得ません。むしろ売上を上げている人ほど SNS を上手に活用しています。

　またアライドアーキテクツの調査では、2020 年から 2021 年にかけて SNS マーケティング施策の予算が、「非常に増加した」が 25.0%、「やや増加した」が 45.4% となっています。**約 7 割の会社で SNS マーケティング予算が増えている**ということ。SNS マーケティングを成功させ

るにはリーチを増やすための広告運用や、投稿の質を上げるための撮影環境、画像加工技術といったテクニカルな面にもコストがかかります。SNSマーケティングの予算が増えている現状は、コロナ禍で対面営業が難しくなり、現場スタッフのSNS活用が増えていることを物語っているのではないでしょうか。

実際に私たちが営業販売員の方へインタビューした中でお聞きした、現場の声を挙げます。

「私自身のコーディネートを定期的にInstagramやTwitterで配信すると、お客様がメッセージをくださいます」

「好意を持っていただいているお客様が、ちょっとした相談や質問をDMで送ってこられます」

「実際に購入してもらえたり、来店してもらえたりすると事業に貢献できたと感じ、モチベーションが大きく高まります」

「コロナ禍で来店がしにくくなりつつある今、オンラインで商材の魅力をお伝えできるツールの1つとしてSNSが手放せません」

本部スタッフは、このような現場の声を拾い上げ、**SNSがもはや現場スタッフにとって欠かせないツールになりつつあること**を理解すべきでしょう。

顧客の状況に応じて対話する

顧客の状況をニーズ（必要性）とウォンツ（買いたい気持ち）の2軸で分類すると、「すぐに必要で買いたい」という**「いますぐ客」**、「買いたい気持ちはあるが今すぐは要らない」という**「そのうち客」**、「必要なのだがどれを買うか迷っている」という**「おなやみ客」**、「必要性も買いたい気持ちも今はない」という**「まだまだ客」**に分類することができます（図22）。

［図22］ウォンツとニーズで顧客の状況を把握する

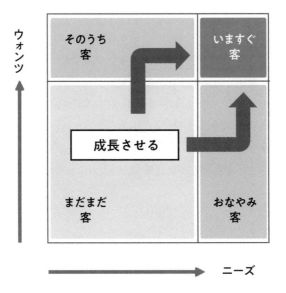

　日々の売上目標がある現場スタッフにとっては、いますぐ客が最も大切なのは仕方ありませんが、いますぐ客だけに対応していたら、たまたま今欲しいという人が向こうから来るのを待つだけになり、運任せのビジネスになってしまいます。

　「売上をつくる」という言葉がありますが、それを実現するためには、そのうち客やおなやみ客をフォローするのはもちろんのこと、まだまだ客をそのうち客やおなやみ客に育成することを考えなければなりません。

　そのためにはまず、普段から気軽に相談できる状況をつくっておきましょう。商品知識を磨くことはもちろんですが、相談できる雰囲気づくりも大切です。

　以上は大前提として、現時点における顧客の状況別の対応はどうなるでしょうか。まずいますぐ客には商品を案内し、購入を勧めます。そのうち客およびおなやみ客に対しては、顧客の行動や時期に応じた商品の提案をしていくといいでしょう。また商品購入の障壁を探り、その障壁

を外すコミュニケーションも大切です。

　まだまだ客はどうでしょうか。認知されていなければそもそも相談は
ありません。ニュースレターという古典的手段もありますが、今ならメル
マガなどのネット上のオウンドメディアを活用する手があるでしょう。

　LINE公式アカウントやウェブ上のマイページも一般的によく使われ
る手法です。またSNSでつながる機会をつくることも大切です。注意
したいのは、まだまだ客にいきなり購入を勧めると他社に逃げられてし
まうことも多いということ。購入の手前の成果地点を用意するといいで
しょう。その場合、**高い商品ほど成果ステップを多く用意する必要があ
ります。**

ECと店舗の両方があるブランドはなおさら複雑

　最近ではECとリアル店舗の両方を持っているブランドが増えていま
す。こういう場合はさらに複雑さが増すことになります。

　まず顧客側のことを考えると、店舗とECの両方で買ったことがある
人と、どちらかでしか買ったことのない人がいます。購入経験のない人
もいます。

　両方ともある人、ない人はあまり考えなくてもいいのですが、どちら
か一方の経験しかない人は理由があるかもしれません。それを知らずに
接客すると不快に感じられることにもなりがち。**それぞれに合った「接
客ストーリー」を事前に用意しておくといいでしょう。**

　またブランドの立ち位置に合った接客も大切です。上質さを「ウリ」
にしているブランドであれば、店舗では上得意向けの特別な顧客体験を
用意すべきです。業態によってはスタッフの能力を差別化して、指名制
を採用するといいでしょう。またECも同様に、誰にでも売るのではな
く、ロイヤリティプログラムなど特別感のある限定制度を設けるのも1
つの手です。

一方、手軽さやカジュアルさをウリにしているブランドであれば、特別な体験よりも何度も来店しやすくする仕掛けをすることです。スタッフの能力も均一化しておき、誰にでも気軽に相談できる雰囲気をつくっておきます。EC も限定されたプログラムを告知するよりも、告知する回数を増やす方策がいいでしょう。

　大切なことは、EC であろうと店舗であろうと、どちらも現場スタッフと顧客とのタッチポイントであるということ。**タッチポイントでの伝え方がブランド評価にも大きく影響するということ**です。まずこの大前提を押さえて、どちらも有効に活用することを考えてください。

紹介営業の成果は減少傾向？

　ところで、ここまで一貫してリファラルの重要性と将来性を語ってきたのですが、一方で、伝統的に紹介営業を重視してきた業界で、紹介営業の成果が減ってきているという会社も多いようです。私たちがある営業会社 2 社のデータを整理したところ、2017 年から 2020 年までの 4 年間で、1 社は 20％、もう 1 社は 50％以上も紹介による契約数が減っていました。2020 年に関してはコロナ禍の影響が無視できませんが、2019 年までの 3 年間に関しても両者ともダウンしていたのです。

　ではこの業界では紹介の力が失われてきているのでしょうか。ところがそうではなかったのです。たまたま業界が同じだったので、「この業界では云々」という仮説が成り立ちそうだったのですが、実は両社に共通する原因があったのです。

　まずスタッフが紹介制度について誤解していたということです。「お客様に紹介してくださいとお願いするのは、売り込み同様嫌がられるのでは？」「特典目当てで紹介が発生しているのでは？（だとしたら長続きしないけど……）」といった間違った思い込みをしている現場スタッフが

多く、顧客への紹介告知自体がされていなかったのでした。

　紹介告知がされなかった理由はこれ以外にもありました。「業務も忙しいし、後回しにしたいなあ」と思い、結局告知しなかったり、「このお客様にはプログラムを勧める必要はなさそうだなあ」と慎重に見極めた結果、誰にも告知しなかったり、という理由も多かったのです。

　まとめると、スタッフの**「遠慮・面倒・慎重」**といった3つの心理が、紹介告知を阻んでいたのでした。

　一方、店舗別に調べてみたところ、紹介が多い店舗と少ない店舗があることがわかりました。2020年の上半期では、最も紹介数が多い店舗では73件もあったのに対して、0件という店舗も何店か見られました。全体で平均すると23件でした。

　また熱心なスタッフとそうでないスタッフの差が著しく、トップ10％のスタッフによる成果で紹介契約数の55％を達成していたのに対し、5件未満のスタッフの人数が51％に達していました。

　以上を総合すると、紹介制度が力を失っているわけではなく、現場スタッフが顧客に紹介告知をしていなかったことが、紹介数が減少した原因だったといえます。

　逆の見方をすれば、伸びしろが大きいということです。ちなみに店舗別の紹介契約数は月平均4件でした。この企業の場合、紹介契約数が店舗単位で月2件増えれば、売上単価と店舗数を掛け算して、月当たり約1億5,000万円の売上増になります。熱心な店舗を見れば、月2件増は無理な数字ではありませんが、仮に月1件増としても7500万円の売上増になります。

　リファラルプログラムの告知は「売り込み」ではなく、顧客とのコミュニケーションであり、顧客サービスの1つであるとスタッフに周知させることが、リファラルマーケティングの第一歩なのです。その中でスタッフが提供したサービスに対して「面倒くさがらず、遠慮なく、顧客に紹介を依頼するだけ」ですから、これほど効果が見込みやすいマーケ

ティングが他にあるでしょうか。

紹介依頼はマニュアル化する

　とはいうものの、「とにかく紹介をお願いします」とやみくもにお願いしても、顧客は引き受けてくれないかもしれません。告知にいたる前段階として、対話の流れを準備することが必要です。そのためには普段から顧客に対して興味を持ち、友人、家族、趣味嗜好などを対話から情報収集する心掛けが大切になります。また顧客がなぜこの店で買ってくださるのか、何がこの店の強みだと思われているのかなどもさりげなく聞いておけるといいでしょう。

　実は、それらのことを押さえている現場スタッフはほとんどいません。以前営業セミナーを開催したときに参加者へ「自社の商品の強みやサービスのメリットを答えられる人がいますか？」「お客様が貴社や商品のどんなところを評価しているかわかる人はいますか？」と質問をしたところ、誰1人挙手がなく、驚いたことがありました。**顧客から顧客情報や購買理由などを聞き出せるだけで、かなり優秀なセールスパーソンや販売員になれる**と断言してもいいぐらいです。逆にいえば、紹介告知を現場に徹底させることが、そのような顧客コミュニケーションを現場スタッフから積極的に取りに行くきっかけとなり、ひいてはサービスの満足度の底上げにつながる、ということでもあります。

　その他にはリファラルプログラムを告知したときの断り文句にはパターンがあるので、**応酬マニュアル**をつくっておくのも良い手です（図23）。

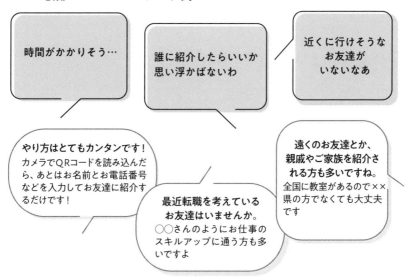

特典も良し悪し

　紹介してくれた顧客に対して謝礼として特典を付けるのが一般的ですが、それも場合によりけりです。例に出した呉服店など高級商材の場合、「紹介してくださったら１万円差し上げます」といったオファーは、断られることが多いようです。これは高額商品に多い例で、顧客の本音は「たかが１万円で紹介しろなんて、見損なうな」ということなのです。

　ところが、これが「ゲストに１万円の値引きをします」といったオファーなら喜ばれますし、紹介してもらってから「お礼です」と差し出す分には問題ありません。同じ１万円でも顧客からの反応が変わるのはなぜでしょうか。

　要は**顧客のプライドの多寡といった機微のある特性を大事にすべき**ということ。特に高額ブランドでは繊細さが求められるということです。

スタッフに自社サービスを利用してもらう

　スタッフが紹介依頼しない理由として、そもそもその商品を紹介したくないというのもあります。実際に商品の品質が悪くて紹介したくないのであれば、これは論外であり、まずは品質向上に努めるべきです。

　中にはスタッフ自身が商品の良さを知らないというケースもあります。前述したように自社や自社商品の強みや評価されているところを知らない現場スタッフが多いのです。スタッフの手が届かない高額商品であれば、なおさらです。そこで**スタッフ向けのリファラルプログラムや体験プログラム**を用意している会社もあるのです。

　いずれにしてもスタッフ自身が自社の商品が好きでないと、顧客に紹介依頼をする気にはなれないということです。

紹介プログラムのマニュアル化と導線づくりで年間500件以上の紹介契約

　現場と協力した紹介告知の成功事例を紹介しましょう。

　あるブライダルジュエリー会社では、コロナ禍で集客に課題を感じた現場営業の声を聞き、本部が紹介制度を設置しました。

　こちらの企業は、成約顧客への告知を徹底しつつ、現場での営業力と独自のブランディング力で、紹介制度設置当初から多くの紹介を獲得。ROAS（Return On Advertising Spend、広告費用対効果）は1,600％以上、1年間で1億円以上の売上増をもたらしました。

　紹介特典は、紹介者にはAmazonギフト券、契約者にはブランドオリジナルジュエリーボックスでした。

　主要な取り組みは以下の通りです。

【ブライダルジュエリー会社が行った主要な取り組み】
①営業現場での積極的な紹介告知の促進

- 現場での声かけの徹底
- 現場ごとの紹介成果を計測し、本部から現場にフィードバック

①デジタルな接点からの紹介誘導強化
- 成約時に LINE の友だち登録を必ず案内することで、顧客の友だち率100%
- LINE のリッチメニューからリファラルプログラムへの誘導
- シーズナリティに合わせ、顧客全員への紹介プログラムの告知をメールで実施

現場告知1本で紹介契約数月100件を達成

　地方に拠点がある脱毛サロンでは、ほぼ現場告知だけで、紹介経由の契約数がキャンペーン開始3カ月で月100件に達しました。

　特典は、紹介者に Amazon ギフト券最大2万円分、契約者は利用時の割引でした。成果は年間売上で2億6,000万円程度に上ります。

【脱毛サロンの会社が行った主要な取り組み】
①スタッフへの念入りな事前共有
- ローンチ前の現場スタッフへのマニュアル作成
- 管理ツールの導入とその利用方法のレクチャーおよび事前研修の徹底
②計算された現場オペレーション管理でスタッフの負荷を最小限に
- スタッフへのヒアリングを元にした「顧客を待たせない受付運用フロー」の確立
- デジタル化によるゲスト来店時のスムーズな来店計測

　こうした取り組みの成果で、プログラム開始直後から紹介数が右肩上がりに増えていきました。マニュアル化や管理ツールの導入、デジタル化などによる現場スタッフの負荷最小化が最大の成功要因だといえます。

DXとリファラルマーケティング

　デジタル化の事例が出てきましたので、ここで**DX**（デジタルトランスフォーメーション）とリファラルマーケティングについて考察します。

　DXの本質とは、事業が抱える重要課題を解決するためにデジタル化によって変革する仕組みをつくることでしょう。そこで事業経営の課題を考えると、多くの事業で**収益性の低下**と**人材不足**が起こっていることに思い当たります。資金も人的リソースも足りず、攻めの成長戦略が立てにくくなっているのです。

　経営課題をマーケティング（本部）と現場（営業・店舗）に落とし込むと、まずマーケティングでは広告費の高騰に伴うマーケティングの費用対効果の低下が大きな課題になっています。また現場では、割引による単価低下、リピート率低下によってスタッフのモチベーションも低下し、結果として生産性が低下しています。

［図24］**経営・マーケティング・現場の連携不足による悪循環**

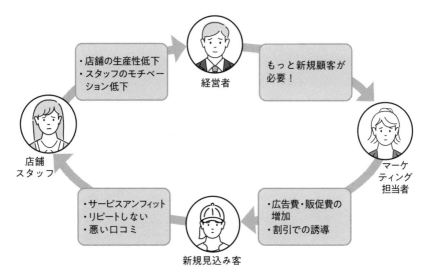

・店舗の生産性低下
・スタッフのモチベーション低下

経営者

もっと新規顧客が必要！

マーケティング担当者

・広告費・販促費の増加
・割引での誘導

新規見込み客

・サービスアンフィット
・リピートしない
・悪い口コミ

店舗スタッフ

経営、マーケティング、現場の課題は密接に関連しています。そのため、多くの企業で図に示すような悪循環が発生しています（図24）。

　この悪循環は、マーケティング担当者、新規見込み客および店舗スタッフの間に壁があって連携できず、お互いがそれぞれに最適な行動を取ろうとするために、さらに悪いサイクルになっています。マーケティングは割引で短期的な成果を出そうとしますが、新規見込み客は1回目しか割引がないため、2回目以降は別の店に行くことにしますし、店舗スタッフは割引目当ての客しか来ないことで、単価を上げようと考えるのです。これではそれぞれの思惑が一致せず、事業者側はどんどん苦境に陥っていきます。

顧客を起点に好循環に変える

　ではどうしたらこの悪循環を解消できるのでしょうか。それは誰が大切な「お客様」なのかを理解し、その「お客様」へのサービス向上に投資することです。その「お客様」を起点に悪循環を好循環に変換するのです。

　では大切な「お客様」とはいったいどんな顧客だったでしょうか。それは第2章の「事業者にとって大切な顧客とは？」（55ページ）で説明した**「LTVだけでなく、リファラル価値の高い顧客」**です。いつも自社の商品を購入してくれるだけでなく、友人・知人に紹介してくれる顧客を大事にするのです。

　既存顧客に紹介を促進し、紹介が発生したら紹介者にもゲストにも報いる。これを全社一丸となって徹底することで、悪循環が一気に好循環に変化します（図25）。

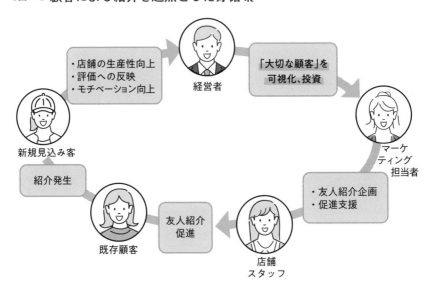

デジタル化でスタッフの負荷を
最小限にすることが成功要因

　もちろん、かけ声だけではうまくいきません。リファラルプログラム促進がスタッフの負荷になると、そこで好循環がストップしてしまいます。まずはマニュアル化が大事ですが、それだけでは回り始めません。先ほど紹介した2つの成功事例を思い出してください。

　ブライダルジュエリー会社では、LINEを利用した導線づくりが成功要因でした。脱毛サロンの会社では、紹介管理ツール等によるデジタル化で現場オペレーションの負荷を最小限にしていました。

　このように**「紹介のデジタル化」**が重要になってきています。ポイントは2つあり、1つは紹介プロセスを効率化・自動化することです。もう1つは、紹介データを自動的に更新することです。

　後者の紹介データの自動更新は特に重要です。紹介による契約者の個

人情報を入力するだけでも面倒ですが、それだけでなく誰からの紹介か、対応するプログラムはどれか、契約内容はどのようなものかを手入力するだけでかなりの手間です。このような入力は開店中に暇がなければ閉店後に行われることになり、残業の原因になる上、スタッフのモチベーションの低下にもつながります。また本部は本部で、紹介状況をリアルタイムに見ることができませんし、集計が面倒で、紹介依頼したスタッフの評価に時間がかかる原因になっています。

　紹介データの自動更新はスタッフの負荷軽減だけではなく、**現場がモチベーションを高める正当な評価制度にもつながること**なのです。

顧客起点のDXの仕組みとは?

　紹介をデジタル化する仕組みを導入することで、現場接客だけでなくマーケティング、経営自体もその質が向上します。

　まず他と比較して効率の良いリファラルマーケティングの成果が出始めることによって、マーケティングの効率全体が向上します。次に紹介がデジタルデータとしてリアルタイムに蓄積されるようになることによって、スタッフの貢献度を見える化できます。データに基づいて正当な評価をすることで、スタッフのモチベーションが高まり、接客レベルが向上します。

　また同じく紹介データが自動蓄積されることで、誰が大切な顧客なのかも見える化されます。大事な顧客に対して重点的に報いることで、顧客満足度が向上。さらにリファラルプログラムを通じてさまざまなフィードバックを受け取ることができれば、商品開発やサービス向上に結びつきます（図26）。

　仕組みの効果をよく見ると、前述した事業における収益性の低下と人材不足という課題、マーケティングにおける広告の費用対効果の低下と

いう課題、そして現場におけるモチベーションと生産性の低下という課題、これらすべての課題が解決することがわかります。

　DXの本質の1つが事業における課題解決だとすれば、**リファラルプログラムのデジタル化はまさにDXにおいて一番に着手すべき施策の1つ**だといっていいでしょう。

［図26］リファラルプログラムのデジタル化がもたらす効果

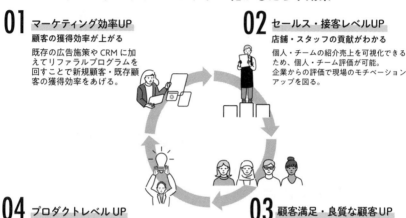

01 マーケティング効率UP
顧客の獲得効率が上がる

既存の広告施策やCRMに加えてリファラルプログラムを回すことで新規顧客・既存顧客の獲得効率をあげる。

02 セールス・接客レベルUP
店舗・スタッフの貢献がわかる

個人・チームの紹介売上を可視化できるため、個人・チーム評価が可能。
企業からの評価で現場のモチベーションアップを図る。

04 プロダクトレベルUP
真の顧客のフィードバックを受ける

顧客の紹介行動やアンバサダーのプロダクト評価を通じてプロダクトの改善ループを回すことができる。

03 顧客満足・良質な顧客UP
大切な顧客を可視化できる

個人のLTVだけでなく、紹介による貢献評価をすることで顧客の本当の貢献を可視化することができる。

リファラルマーケティングの本質は
価値の可視化による収益の向上

　ここで第1部全体のまとめをしておきましょう。第1部のテーマは「なぜ今『紹介』なのか？」ということでした。その理由を探るために、顧客、事業者（本部）、現場スタッフの3つの視点で紹介について考察してきました。

　なぜ今「紹介」なのかを1枚の図で表すと、以下の通りとなります（図27）。

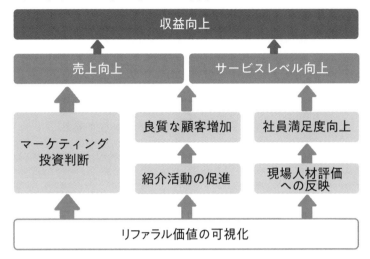

［図27］ リファラルマーケティングの本質とは

収益向上

売上向上

サービスレベル向上

マーケティング
投資判断

良質な顧客増加

社員満足度向上

紹介活動の促進

現場人材評価
への反映

リファラル価値の可視化

　私たちが、顧客・事業者・現場スタッフの３つの視点で見てきたもの
は、「リファラル価値」でした。それを可視化することによって、今後
どのマーケティング施策に投資するかの判断材料になります。またリフ
ァラルのマーケティング効率が良いと気づけることで、紹介活動を促進
しようという動機にもつながります。その結果、企業にとって大切な顧
客が増えていくことになります。さらに紹介を促進したスタッフの正当
な評価にもつながり、正当な評価は社員満足の向上につながります。

　結果、売上とサービスレベルが向上し、多くの企業が課題としている
収益向上が実現します。それもリファラルマーケティングを続ける限り、
継続的な収益向上が期待できるのです。
　したがって、「なぜ今『紹介』なのか？」という問いに対する答えは、
「紹介の価値を可視化することによって継続的な収益向上が期待できる
から」となります。**継続的な収益向上の実現こそ、リファラルマーケティングの本質**だといえるでしょう。

第 2 部

リファラルデザイン
3つのポイント

リファラル施策の成功に向けては、顧客の「紹介体験」を構成する３つのポイントを充実させることが重要です。

　３つのポイントとは、全体のベースとなる**「サービスの独自性」**、その独自性が育む**「顧客の愛着」**、そして独自性と愛着を前提とした**「紹介の演出」**です（図28）。

　リファラルプログラムを考える際には、演出の仕方ばかり考える企業が多いのですが、独自性や愛着といったブランドを構成する要素がまずできあがっていないと、せっかくの演出も絵に描いた餅になってしまいます。

　その意味でリファラルマーケティングとブランディングには共通点が多いといえるかもしれません。

［図28］「紹介体験」を構成する３つのポイント

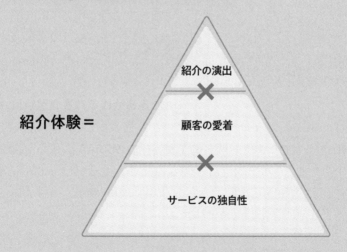

紹介体験＝

紹介の演出

✕

顧客の愛着

✕

サービスの独自性

第 4 章

独自性を見つける

紹介される商品に求められることとは?

　商品(サービスを含みます)を紹介された側にアンケートを採った結果では、紹介される側は「その商品の特色やメリット、良い点などがわかりやすいこと」を求めていることがわかりました(図29)。

　商品の革新性、流行していること、使用前の不安解消、実績の豊富さなどを求める人もいますが、特徴が明確であることだと答えた方が最も多く、34.4%でした。

[図29] **紹介される側が求めていること**

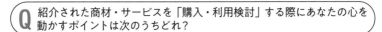

Q 紹介された商材・サービスを「購入・利用検討」する際にあなたの心を動かすポイントは次のうちどれ?

革新性があり、これまでなかった新しいものなので、興味・好奇心がわくこと	14%
新しいトレンド・今後の主流・ねらい目であること	13.2%
特色やメリット、良い点などがわかりやすく理解できる	34.4%
自分が使用前に気になった点や不安に対して、納得いく回答があること	19.6%
すでに世の中で定番・一般化しており、実績が豊富であること	18.8%

2021invy調べ

　では、何をわかりやすく伝えたらいいのでしょうか。既に何回か述べていますが、顧客が感動するポイントは、①手頃な価格②充実した機能③利便性の高いサービス④高い体験価値・時間価値⑤顧客の成功(カスタマーサクセス)です(22ページ、第1章「顧客が紹介したくなる『感動』ポイントとは?」を参照)。したがってこれらをわかりやすく伝えればいいということになります。

ただ注意すべきことは、数字が大きくなるほど高次な欲求になっているということです。要するに①〜③は当たり前の話で、よほどのことでないと感動が得られなくなっています。感動してもらいやすいのは④、⑤で、これらをわかりやすく伝えることが今求められていることなのです。つまり「この商品を使って生活が変わった」「このサービスを利用して人生観が変わった」ということを例えばストーリーや顧客事例のような形でわかりやすく伝えなければならないということなのです。

　もう少し具体的にいうと、「○○という機能があって、これは他社製品にはない世界初のものです」ではなく、「○○という機能を使ったところ、今まで赤ちゃんを寝かしつけるのに１時間かかっていたのが、５分で済むようになりました」という伝え方をせよ、ということです。

成功への道筋を伝えることで紹介が生まれる

　別の観点で説明しましょう。第１章でブランドがもたらす４つの価値として、「実利価値」「情緒価値」「感性価値」「共鳴価値」を紹介しました。これはまさに顧客がブランドを評価する際の軸になる価値です。

　したがってこれらをわかりやすく伝えることが大切です。そしてその伝え方として、課題を抱えていた顧客がいかにして成功したか、その**成功ステップを「ストーリー」として伝える方法が有効**です。

　そうすることで顧客は実感として商品価値を理解し、それならば友人や家族にも伝えたいという気持ちになるのです（図30）。

［図30］紹介発生のポイントは「顧客が効果を実感すること」

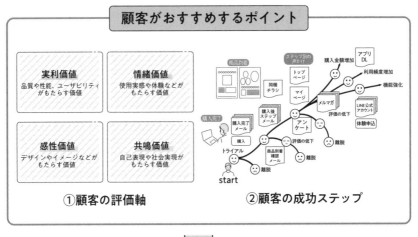

顧客がおすすめするポイント

実利価値
品質や性能、ユーザビリティがもたらす価値

情緒価値
使用実感や体験などがもたらす価値

感性価値
デザインやイメージなどがもたらす価値

共鳴価値
自己表現や社会実現がもたらす価値

①顧客の評価軸　②顧客の成功ステップ

顧客自らが
実感する

紹介発生

徹底した顧客インタビューと顧客視点が成功の鍵

　体験価値や顧客の成功とは何か、いくつかの具体例で示しましょう。

　まず食材宅配サービスを行っているOisix（オイシックス・ラ・大地（株））の例です。Oisixは徹底した**顧客インタビューから課題を抽出し、顧客**

視点で問題解決を図ることで成功している例です。

　Oisix の顧客は、スーパーに行くと、冷蔵庫の中身や家族のリクエスト、子どもの給食などを考慮した上で献立を考えるわけです。そこには「使わないといけない」「作らないといけない」というストレスが発生します。それに料理自体も大変なことです。さらに小さな子どもは、保育園から帰宅する頃には「お腹が減った」とぐずり始める……。とはいえ、お菓子はなるべく与えたくありません。

　Oisix では、こうした顧客が抱える悩みを徹底した顧客インタビューや社員自身の体験から課題として把握。その課題を解決する商品（サービス）として Kit Oisix を開発しました。Kit Oisix を利用すれば献立を考える手間が省け、食材を余らせることもありません。また小さな子どものいる家庭向けに、調理手順の前半で子どもに「おやつチーズ」をあげるといった商品も提供しています。

※出典：NewsPicks

https://newspicks.com/news/3558729/body/

顧客の成功に特化したサービス設計

　続いては継続率95％を誇るブランドバッグのレンタルサービス、ラクサスの事例を参考にまとめました。

　ラクサスではサービス開始当初、ブランドバッグの実売価格を載せていました。そのことにより高価なバッグから順番に借りられる傾向ができてしまったのです。これがはたして顧客にとって「成功」といえるのか。ラクサスは顧客視点に立って自問自答しました。

　その結果、その日のコーディネートにふさわしくない、高い割にはデザインが気に入らないなど、体験価値を大いに損なうミスマッチがあることに気づき、価格の掲載をやめることにしました。

　その代わりに、すべてのバッグに5種類前後のコーディネート例を載

せることにしました。自分の好みと似たコーディネートを参考にバッグを選ぶことで、イメージと実物のギャップが小さくなり、体験価値が損なわれるリスクが大いに低減します。

　ラクサスには、知人の紹介制度があり、紹介した知人が1カ月以上バッグをレンタルすると、紹介者に2,000ポイントが付与されます。この制度を通じて、100人以上の新規顧客を紹介したという優良顧客が30人以上います。中には500人以上も紹介した顧客もいるそうです。

　ラクサスでは、**顧客の成功（カスタマーサクセス）に特化したサービス設計**を行ったことで広告費が大幅に削減されました。削減された広告費はサービス開発に当てられ、さらなるカスタマーサクセスにつながり、継続率がさらに高まり、広告費がまた削減され……という好循環を生んでいます。

※出典：日経クロストレンド
https://xtrend.nikkei.com/atcl/contents/18/00356/00002/

顧客の成功を問い続けることで
圧倒的な顧客満足につなげる

　知育おもちゃをサブスクリプションで提供しているトイサブ！の事例です。このサブスクリプションサービスは、日本サブスクリプションビジネス大賞2019でグランプリを受賞しています。

　知育おもちゃは高価な上、子どもの成長が早いため、すぐに飽きられてしまうという欠点を持つ商品です。そのため買い続けるのは難しいと考える親が多く、定額制で次々と新しいおもちゃを配布してくれるサービスがあるだけでも貴重なのです。

　さらにトイサブ！では、顧客の要望や意見を取り入れておもちゃを選び、遊んだ後の感想も考慮して次回の配布に反映するなど、**顧客体験価値の向上への配慮**を欠かしません。

トイサブ！を利用している顧客の声で印象的なのは、「おもちゃとは
ただ与えておくものではなく、子どもとの大切な時間を共有するための
ツールなのだ」というものです。これは顧客によるお勧めの言葉なので
すが、もし自分自身が紹介を依頼されたとしたら使いたくなるフレーズ
ではないでしょうか。

※出典：トイサブ！公式ウェブサイト

https://toysub.net/

顧客の多様な悩みと向き合うことで
カスタマーサクセスを実現

　次は BELTA のベルタ葉酸サプリの事例です。同社は「妊娠初期に摂
取することで神経管閉鎖障害という先天性異常の発症リスクを下げるこ
とができる」と厚生労働省から認可された葉酸サプリメントを販売して
いる会社です。

　ベルタ葉酸サプリでは、ブランド立ち上げ当初からカスタマーサクセ
スを大切に考え、人とテクノロジーの両面のサポートで、妊娠にかかわ
る悩みを持つ人たちと本気で向き合い、伴走することを続けてきました。
顧客に必ず担当者が付き、出産成功のためのさまざまな相談に乗ってい
ます。時には妊婦の配偶者の愚痴を聞くこともあるそうです。

　こうした**カスタマーサクセス第一の姿勢**が評価され、2019 年の「マ
マが選ぶサポートが充実している会社ランキング」の１位に選ばれまし
た。

※出典：BELTA 公式ウェブサイト

https://belta.co.jp/

顧客体験価値やカスタマーサクセスの
追求は簡単に真似できない

　４つの事例を見てきました。このような事例を公表することについて、

「せっかくの取り組みが真似されてしまうのではないか」と危惧する人がいます。確かに同じようなサービスを始めることは誰にでもできそうな気がします。しかし実際には簡単に真似できるものではないのです。

アメリカの著名な UX（ユーザー体験）デザイナーであるジェシー・ジェームズ・ギャレット氏は、**UX デザインの 5 段階モデル**を提唱しています。それによれば、ユーザーから見えているデザインやおもてなしといった表層（具象）の下に、骨格・構造・要件・戦略といった目に見えない階層（抽象）が 4 つ存在していることがわかります（図 31）。

［図31］UX デザインの 5 段階層モデル

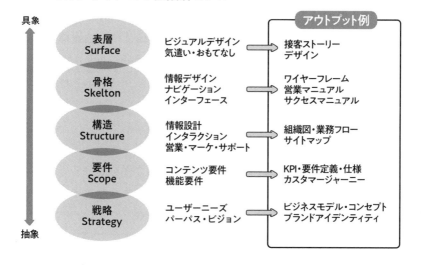

出典：Jesse James Garrett『The Elements of User Experience』マイナビ出版

要するに、目に見えるところだけを真似をしようとしても真似られないのです。さらに表層の部分についても、それまでの経験によるデータの積み重ねがあり、そのデータを基に継続的な改善・改良が行われます。したがってある時点での表層部分を真似できたとしても、本家本元はすぐに先に行ってしまうわけです。

先行者利益というものがあります。これは機能面でもあてはまります

が、機能についてはすぐに真似られて陳腐化してしまいます。しかし顧客体験やカスタマーサクセスといった、**より高次な分野の先行者利益はそう簡単に追随できません。**人真似をするよりも、自ら開拓することで先行者利益を得るほうが得策といえるでしょう。

　企業には他社が簡単に模倣できない3つの資産があるといわれています。それは①顧客データ②ブランド価値③ネットワーク効果です。このうちネットワーク効果とは、ユーザーが増えれば増えるほど、その商品、サービス、プラットフォームなどの価値が高まるということです。この3つはまさに先行者利益の本質といえるでしょう。

　ただし先行者利益に安住していると、まったく違う業界から来た業者や、破壊的といわれる新しいサービスを提唱する新興企業に市場を根こそぎ奪われる恐れがあります。**先行者利益を継続的な改善・改良・変革のために使うことが大切**です。事例に挙げた4つの企業はこのことを十分にわきまえているからこそ成功し続けているのです。

自社の強みを見つけるには3C分析が有効

　本章の冒頭に戻ると、紹介してもらうためには、「商品の特色やメリット、良い点」をわかりやすく伝えることが求められるということでした。それには「商品の特色やメリット、良い点」、すなわち「強み」をまず見つける必要があります。第3章で述べたように、自社や自社商品の強みを知らない現場スタッフが多いことを考えると、最初に取り組むべきことが強みの発見かもしれません。

　強みを見つけるための考え方としては、**3C分析**が有効です。3Cとは、自社（Company）、顧客・市場（Customer）、競合（Competitor）の3つを指します。それぞれを同じサイズの円と見て、その重なり方を分析する手法です（図32）。

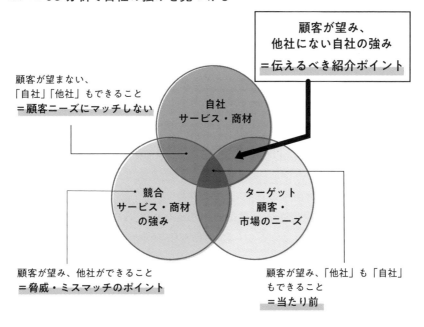

顧客が望み、
他社にない自社の強み
＝伝えるべき紹介ポイント

顧客が望まない、
「自社」「他社」もできること
＝顧客ニーズにマッチしない

自社
サービス・商材

競合
サービス・商材
の強み

ターゲット
顧客・
市場のニーズ

顧客が望み、他社ができること
＝脅威・ミスマッチのポイント

顧客が望み、「他社」も「自社」
もできること
＝当たり前

　例えば自社と競合が重なっている部分のうち、顧客・市場と重ならない部分があります。これは自社でも競合でもできることだが顧客が望んでいないことであるので、取り組むだけ無駄という領域になります。

　このように2つ以上が重なる部分を見ていくと、自社と顧客・市場は重なっているが、競合とは重ならない部分があることに気づきます。この部分こそ「強み」であり、伝えるべき紹介ポイントなのです。ちなみにブランディングであれば、この部分がブランド価値の源泉（コア）となる領域です。

　3C分析で紹介ポイントが見つかったとしても、すぐに先に進めるのは危険です。SNSの評価はどうか、顧客レビューはどうか、提供側が楽しみながら取り組めているのかなどを調べて、その評価を真摯に受け止める必要があります。そうしたチェックをくぐり抜けて、最終的に残ったものが本当の強みなのです。

独創性で劣る場合の2つのテクニック

とはいっても、本当の意味で唯一無二の独創性のある商品やサービスはなかなかないのも事実です。それに「完全に独創的な商品」は以前に誰も見たことがないので評価できず、市場で受け入れられません。iPhoneだって、携帯電話、カメラ、携帯音楽プレイヤーそしてウェブブラウザという先行商品の組み合わせだったからこそ受け入れられたのでした。

どんな商品にも他と似たところは必ずあります。**独創性とはどれだけ似ていないかという比較の問題**なのです。

しかし比較というからには、独創性に優れた商品と劣る商品が存在するということであり、残念ながら自社の商品が独創性で劣る場合には、嘘にならない範囲で何らかのテクニックで補うことも必要になります。

テクニックとしては大きく2つが知られています。1つは**「選ぶ楽しみをつくる」**というものです。例えば化粧品であれば、ファッションタイプ診断やパーソナルカラー診断などが該当します。人材系のサービスであれば、武将性格診断などがあります。汎用的に使えるのが星占いや姓名判断などの占いです。言い換えると**「判断プロセスをコンテンツ化すること」**であり、そうすることで友達とシェアしたいという動機付けになります。

もう1つは**「強調の仕方を変える」**というものです。伝え方や表現を変えると相手に与える印象も変わることを**「フレーミング効果」**といい、それを応用したテクニックです。

例えば、実際には10戦して5勝5引き分けだったとしても、それを10戦無敗といい切るとより強そうに見えます。また満足度95%を不満足度5%と言い換えてもまったく同じ意味なのですが、不満足度5%のほうがネガティブに感じられます。「不満足な人が5%もいるのか」と

思われるのです。

　フレーミング効果に関連して、ロスフレームとゲインフレームという言葉を覚えておくといいかもしれません。

　ロスフレームとは相手が失うもの、すなわちネガティブな部分にフォーカスするメッセージです。「約束を守らないと、人から信じてもらえなくなる」といった表現が該当し、行動の矯正などに効果があります。一方ゲインフレームとは相手が得るもの、すなわちポジティブな部分にフォーカスするメッセージです。「約束を守ると、人から信じてもらえるようになる」といった表現が該当し、役立つ情報を与えることで相手の満足感が得られます。

　多くの場合、良い評判はロスフレームでは伝わりません。**良い口コミや紹介はゲインフレームで伝えることが鉄則**だといえるでしょう。

※出典：Mentalist DaiGo Official Blog
　　　　https://daigoblog.jp/loss-gain/

第 **5** 章

愛着を意識してもらう

紹介を通じて商品の良さを改めて実感する

　ブランドに愛着を持ってくれている人が紹介してくれる。言葉では理解できると思いますが、愛着を持ってもらうというのはなかなか難しいものです。「ニワトリが先かタマゴが先か」のような話になってしまいますが、ここで紹介も愛着を生む1つの手段だという話から始めたいと思います。

　私たちの調査によれば、「利用しているサービスに対して愛着を感じるか」という設問に対して「非常に当てはまる」または「やや当てはまる」と答えた人は、紹介経験のある人で59.4%、紹介経験のない人で27.5%でした。愛着があるから紹介をするという人が多い可能性も多分にありますが、紹介をきっかけに改めてサービスについて考えた結果、愛着が湧いたという人も多いと考えられます（図33）。

［図33］ **紹介経験の有無と商品に対する愛着度の調査**

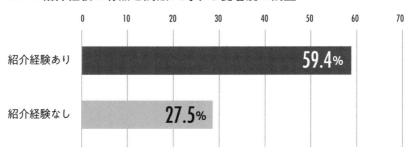

やや当てはまる〜非常に当てはまると回答した人の割合

2021invy 調べ

　同時に行った調査で「利用しているサービスを紹介するときに『このサービスは誰に合いそうか』を考えるか」という設問に対しては、「非常に当てはまる」または「やや当てはまる」と答えた人が紹介経験のある人で61.2%、紹介経験のない人で21.1%でした。つまり紹介する人は、ゲストのことをきっちり考えてから紹介しているということです。

紹介をすることで改めてサービスのことを考えたり、誰に合いそうかを考えたりすることに共通するのは**「言語化」**という行為です。言語化にはかなり頭を使います。「私は何でこの商品が好きなのだろう」「この商品が合う人の趣味嗜好や特徴は何だろう」「この商品をAさんに勧めるには何と説明すればいいだろう」などと自問自答するのは大変な分、言語化できたときの気持ち良さや達成感も大きいものです。その快感や達成感が商品への愛着につながるのかもしれません。やや強引な推論かもしれませんが、少なくとも紹介のための言語化と愛着には関係があるように思われます。

　言語化が先か愛着が先かは人によって違うかもしれませんが、**愛着があるから言語化ができ、言語化することで愛着が増すという好循環がある**のは間違いないようです。

日本でNPSの点数が低い理由

　企業やブランドへのロイヤリティ（≒愛着）を測る指標に **NPS**（Net Promoter Score）というものがあります。これは「あなたはこの企業（製品/サービス/ブランド）を友人や同僚に勧める可能性は、どのくらいありますか？」という質問に対して、0〜10の11段階で点数を付けてもらうものです。

　6点以下を付けた人を批判者、7点または8点を中立者、9点以上を推奨者と呼びます。推奨者の割合から批判者の割合を引いた値（％）がNPSです（図34）。

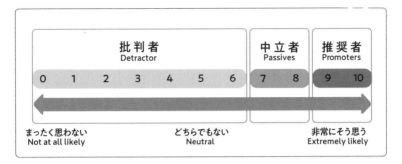

これは統計的に判明しているらしいのですが、6点以下の人たちはネガティブな口コミを広げることが多く、7点と8点の人は勧めることも悪口をいうことも少なく、9点以上の人は周囲に勧めるのだそうです。

　日本人の感覚としては、5点や6点が批判者というのは違和感があるように感じます。7点はともかく、8点は推奨者ではないかと思うのではないでしょうか。実際に日本人はまあまあ満足している場合は6点か7点、どちらでもないときは5点あたりを付ける人が多いのです。アメリカのSatmetrix社の調査では、日本の顧客は他国に比べてNPSの点数が低いという結果が出ています。

　この結果を踏まえると、NPSは徐々に浸透しているものの、日本市場では顧客評価数値として適さない可能性もあります。私たちとしては「紹介をしてくれる人がどれくらい増えているのか」「継続的に紹介してくれるのか」といった顧客の紹介行動をKPI（重要業績評価指標）として用いたほうが有効ではないかと考えます。

紹介には必要な「相手」と「シーン」がある

　紹介には「相手」と「シーン」があり、その2つが顧客の中で言語化されないと紹介は発生しません。そしてそこには愛着が絡んできます。

例えばあなたはギターが上手で、「カワギシ楽器」という馴染みの楽器店があるとします。カワギシ楽器に愛着がある理由は、ものすごくギターに詳しくて、音楽の話も合うシライシさんという店員がいるからです。ある日、そのカワギシ楽器に行ったら、シライシさんから紹介キャンペーンをやっていると告げられます。買ってくれた友達は2割引で、あなたには5,000円購入相当のポイントが付くというのです。

　それはお得だと思ったあなたは紹介できる友人がいないか、頭の中でサーチします。そういえば最近、友人のカメイ君が「弾いたことはないけど、ギターに興味がある。買ったら、いろいろ教えてくれる？」と言っていたのを思い出しました。

　あなたはカメイ君を連れてカワギシ楽器に来店し、彼にいろいろと教えているシーンを想像します。そこにシライシさんもやってきて、2人でカメイ君にいろいろとアドバイスをすることになるでしょう。おすすめのギターはこれだな、と当たりを付けたりもします。

　そんな想像をしているうちに改めて「カワギシ楽器もシライシさんもいいよなあ」と思うのでした。

　紹介者の頭の中では、このような想像が起こっているのだと考えられます。頭の中にゲストと紹介シーンのイメージが湧いているということですが、ビジュアルだけが思い浮かんでいるわけではありません。自分自身で「想像」という行為をしてみればわかりますが、必ず言語を伴います（図35）。そうなると、**言語化は紹介のための必須の前提作業**だといえますし、だからこそ私たちは紹介に際して言語化にこだわるのです。

　さらに言語化の過程でカワギシ楽器とシライシさんへの愛着度が増している点もとても重要です。リテンションモデルにおいては離脱率や解約率を下げることが最も効果的な収益向上策だと述べました。紹介によって愛着度が増すということは、とりもなおさず**既存顧客の離脱率・解約率の低減に紹介が役立つ**ということなのです。

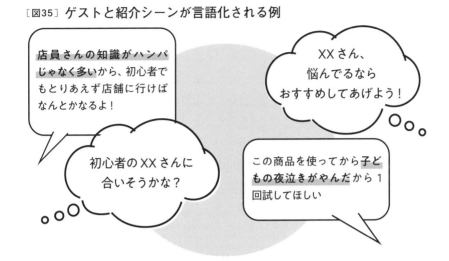

企業側から積極的に言語化し発信する

　紹介の前提として言語化があり、それによってブランドへの愛着が増すという流れがあることを説明してきました。とはいえ気に入っている商品の何が良いのかをはっきり言語化できる人は少数派でしょう。多くの顧客は「何となく気分が上がる」「何となく好ましい」といったレベルで愛着を持っていると考えられます。

　そこで**企業側から積極的に言語化することが重要**になります。

　例えば子どもを通わせている学習塾から「他の保護者さんに紹介してください」と依頼されたとしましょう。子どもの様子を見ていると何となく楽しそうに通っているのだけど、いざその塾の何がいいのかと説明しようと思うと、言葉に詰まるということがあるかもしれません。

　これが塾側から「今年も東京大学に10名合格しました」と発信されていればどうでしょうか。この情報をもとに簡単に説明することができますよね。つまり紹介しやすくなるということです（図36）。

[図36] 企業側がサービスの良さを積極的に言語化し、発信する

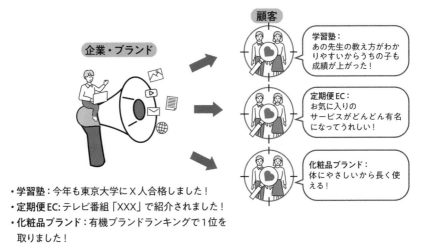

顧客

企業・ブランド

学習塾：
あの先生の教え方がわかりやすいからうちの子も成績が上がった！

定期便EC：
お気に入りのサービスがどんどん有名になってうれしい！

化粧品ブランド：
体にやさしいから長く使える！

・学習塾：今年も東京大学にＸ人合格しました！
・定期便EC：テレビ番組「XXX」で紹介されました！
・化粧品ブランド：有機ブランドランキングで1位を取りました！

　特に子どもの習い事に関していえば、結果で語るのが効果的です。何しろ親は自分でそのサービスを受けているわけではないから、授業の良さや子どもたちへのフォロー体制など、実際に教室で起こっていることは実感に乏しいわけです。紹介が発生するときは、紹介者がゲストから感謝されることが想定されるときですから、このままでは紹介は発生しません。その点、結果のデータがあれば、実感が乏しくても簡単に伝えることができます。あらかじめ「東大に10名合格しました」という情報を伝えておけば、実感のない保護者でもゲストに伝えられますし、ゲストからは「そんな良い塾なの？　紹介してくれてありがとう！」と感謝される可能性が高くなります。

　またこれは子どもの習い事に限りませんが、教室の空きがないというのも、現時点における1つの結果です。「空きがなくてなかなか入会できないが、紹介者のおかげで入会できた」ということになれば、紹介者が感謝されることは間違いないわけですから、これほど有効なリファラルプログラムはありません。

このように空きがないものをありがたいと思う心理を利用するのであれば、**紹介の待ち行列をつくる**という手も考えられます。顧客がせっかく紹介してくれたのに、すぐに対応できずゲストを待たせてしまうのは通常は失礼にあたること。ゲストを怒らせるばかりか、紹介者の顧客満足度を大いに下げることにもなります。もしかしたら解約騒ぎになるかもしれません。しかし実際に手続等に時間がかかるサービスもあり、そうそう緊急対応ができないケースがあります。

そのようなケースが頻発するのであれば、それを逆手に取って、紹介の受付は月何名までと決めて、紹介の待ち行列をつくってしまうのです。そうすると「先行して紹介予約をしたほうがいいですよ」といった案内もできます。入会待ちが当たり前のサービスという評判が立てば、待たされるゲスト側も抵抗がなくなりますし、既存顧客側も優越感がくすぐられ、愛着が増すことでしょう。

顧客満足度調査から紹介に誘導する

愛着と関連する施策としては、顧客満足度調査の直後に、満足度が高い顧客にだけ紹介告知をする方法があります（図37）。

そもそも紹介してくれる顧客は、愛着がある満足度の高い顧客が中心ですから、顧客満足度調査の結果を見て、**満足度の高い人だけに紹介告知をするのは効率的**なはずです。また顧客満足度調査は商品の満足ポイントを言語化する機能もあるわけですから、満足度の高い顧客であれば、設問から紹介のための言葉を見つけ出すこともできるはずです。さらには、紹介のために言語化ができる（ゲストやシーンが浮かぶ）設問にしておけば、一石二鳥の効果があるわけです。

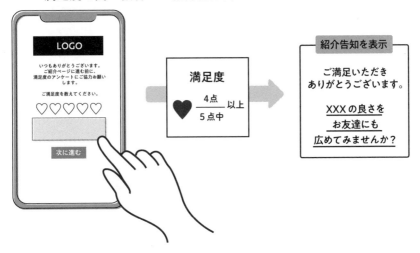

［図37］満足度の高い顧客への紹介告知例

愛着をつくるには普段から接点を持ち、その接点を大切にする

　愛着を増すにはどうしたらいいか。それには紹介をしてもらうといいという「ニワトリが先かタマゴが先か」といった類の話から入りましたが、結局簡単に愛着を持ってもらう方法はありません。

　普段はさほどコミュニケーションのないブランドから、突然紹介キャンペーンだと告知を受けても、紹介しようと思う人は少ないでしょう。よほど大きなメリットを感じる特典があれば別かもしれませんが、既に述べたように特典があるから紹介するという人は少数派なのです。そもそも今までコミュニケーションすることもなく顧客を放置していたブランドが大きな特典を出してきたとしたら、何か後ろ暗いことがあるのでは、と勘ぐる人も出てくることでしょう。

　購入や契約がお付き合いの始まりという考えを持ち、その後も定期的に適切なタイミング（季節の変わり目とか顧客の誕生日とか）で顧客接点を用意し、それぞれの接点を大切にする。こうした**誠意のあるコミュニケ**

ーションに努めることが、**愛着を高めるための王道**です。それを愚直に継続することで、いつしかブランドと顧客の距離が縮まり、紹介依頼にも応じてくれるようになるのです（図38）。

　そうなればしめたもの。距離が縮まり愛着を持ってくれた顧客は、紹介をお願いするたびに、ますます愛着を強めてくれるという理想的な循環が生まれるといえます。

[図38] **購入時から顧客接点を持ち続けることで紹介が生まれる**

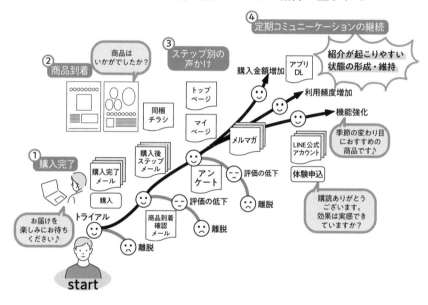

愛着度調査に関する調査レポートをダウンロード≫
https://s.creativehope.co.jp/invy_download_data_02

第 **6** 章

魅力的なプログラムを
演出する

行動と心理の両面で考える

　紹介を発生させるには、リファラルプログラムがゲストにとって魅力的であるとともに、前提として紹介者にとっても魅力的である必要があります。ただしここでお伝えしたいのは、特典で引き付けようということではありません。すでにお話ししたように、特典をフックに紹介する人は多くないのです。

　魅力的な特典で集めた顧客は、優良顧客になる確率が低い。マーケティングに携わるあなたなら、今までのご経験でよくご存じではないでしょうか。特典目当てで動く人たちは、他社にもっと魅力的な特典があればそちらに移ってしまうのです。

　ではどのようなリファラルプログラムが魅力的なのでしょうか。結論をいえば、ブランドに愛着があることが前提となりますが、**アクションしやすいこと、そして心理的負担が小さいことの２つを兼ね合わせたプログラムが魅力的なプログラム**となります（図39）。ブランドに愛着があるのが前提になっているのは、愛着がある顧客は他にそのブランドがピッタリの人がいれば紹介したいと常々考えているからです。紹介すれば感謝されるだけでなく、共通の趣味や話題も生まれる。紹介者とゲストの関係には良いことずくめだからです。

　しかしいくら紹介したい気持ちがあっても、面倒だったり、遠慮があったり、本当に必要かと慎重になったりすると紹介は発生しません。これは現場スタッフが顧客に紹介告知をしない理由とまったく同じです。アクションしやすく心理的負担が小さいことが求められるゆえんです。

[図39] 魅力的なリファラルプログラムの条件

行動（アクション）　　　　　　　心理（インサイト）

・思い出したときにすぐ紹介できる
・自分に身近なツールで紹介できる
・紹介方法がわかりやすい

・紹介の対象が具体的に思い浮かぶ
・紹介するシーンが想像しやすい
・紹介を躊躇する要因がない

紙よりもスマホの紹介メッセージのほうが
機会損失を減らせる

　先にアクションのしやすさ、すなわち物理面の魅力から検討していきましょう。

　少し前まで、紹介キャンペーンといえば紙の紹介カードを配布するのが一般的でした。現在でもはがきや封書、あるいは店頭で紙のカードの配布は行われています。紙のツールは企業側には大変手軽なものです。印刷すれば完成で、スマホのようにアプリやウェブ上の仕組みをつくる必要もありません。

　しかし**顧客目線に立った場合、紙のカードはデメリットが大きいのです。**普段から財布に入れておけば別ですが、いろいろなサービスの紹介カードを持っていると次第にかさばって邪魔になります。実際には家のどこかに放置してしまい、いざ紹介したいときに手元にない。そんなケースが多いのです。埃を被って埋もれてしまった、破損して結局使わなかった。あなたもそんな経験があるのではないでしょうか。

１０３

そこで最近一般化しているのが、**LINE などのメッセンジャーアプリ** **でデジタルの紹介カードを送る手法**です。LINE の利用人口は約 1 億人。友達のメールアドレスや電話番号は知らなくても LINE 上ではつながっている、というケースはどの年代でも珍しくありません。この LINE というインフラを活用して、友達に紹介カードをデジタルで送ってもらうのです。

　LINE などのデジタル活用はコロナ禍によってさらに普及し、定着しました。友人と対面で会う機会が減り、カードを手渡しする機会も当然ながら減少したためです。紙だけの紹介プログラムは一気に紹介件数が減り、紙をメインとしている会社も、デジタルと併用せざるを得なくなっているのです（図 40）。

[図40] **コロナ禍により紙の紹介効果が減少し、デジタル活用が普及**

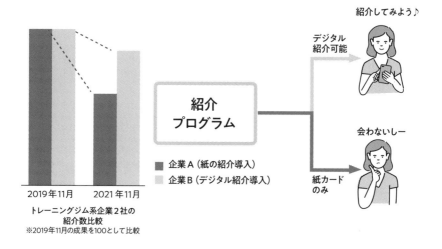

紹介してみよう♪

デジタル
紹介可能

紹介
プログラム

会わないしー

■ 企業 A（紙の紹介導入）
■ 企業 B（デジタル紹介導入）

紙カード
のみ

2019年11月　2021年11月
トレーニングジム系企業 2 社の
紹介数比較
※2019年11月の成果を100として比較

1回告知しただけでは忘れられてしまう

　デジタルが紙よりも優れている点はいくつもありますが、**低コストで**

何回でも告知できることも重要な優位点です。

　紙の場合、郵送費も掛かるし、印刷や封入の手間も掛かりますから、そう何度も送ることはできません。1カ月〜数カ月で終わるキャンペーンなら1回しか送らないことが普通です。人間の記憶力はそれほど優秀ではありませんから、来てすぐ紹介をしなければ、キャンペーン期間がまだ終わらないうちに紙の紹介カードが来たことなど忘れてしまうでしょう。

　しかしデジタルであれば、しつこいと思われないぐらいの頻度で何度か送ることも可能ですし、QRコードなどを活用すれば、店頭のポスターから読み込んでもらうことも可能です。また予約システムなどからリンクすることもできます。あらゆる機会を通じて、キャンペーンがあったことを思い出してもらえるわけです（図41）。

［図41］デジタルなら紹介プログラムを告知する機会が増える

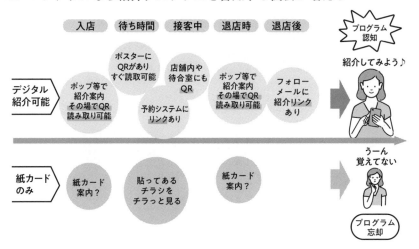

アクションしやすく必要情報も計測できる キャンペーンフローに

　アクションしやすくするためには、紹介者が入力する手間を極力減らすことを考えなければいけません。入力フォームそのものの数を減らし、各入力フォームの入力項目も減らすようにデザインする必要があります。

　とはいえ、必要な情報が取れなければ本末転倒になります。例えば、紹介成果を現場評価に生かしたい場合、紹介を依頼する現場スタッフの情報を取ることは必須です。

　したがって自動入力を用いるなど、1つのステップでの入力が最小化されるようにフローを工夫することが重要になります。ご参考にinvyを用いた場合のキャンペーンフロー設計を図で示します（図42）。

［図42］invy を用いたキャンペーンフロー設計

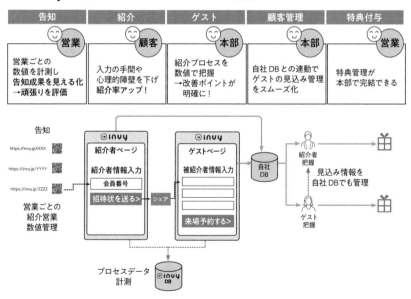

特典はサービスの演出であり
コミュニケーション手段でもある

　特典目当てで紹介する人は少ないものの、それでも特典は重要な要素です。**特典はインセンティブでなく、メッセージ**だと捉えると、その重要性がわかります。

　特典というと Amazon ギフト券が大人気です。使い勝手が良く、嫌がる人もほとんどいないので無難な選択肢ですが、顧客体験を充実させるという観点でいえば、少し物足りないものです。Amazon ギフト券以外にも自社のターゲットからもっと喜ばれる特典、印象に残る特典はないか、一度よく考えることが必要です。

　例えばオンラインストレージの Dropbox は、サービスと連動した特典を用意して、紹介キャンペーンを成功させました。1人紹介するごとに 500MB、最大 16GB までの無料ストレージを特典としたのです。紹介してくれる顧客はもともと満足度が高いことが普通ですが、この特典によりさらに満足度が高まるのは想像に難くないでしょう。**既存顧客の継続度向上につながる特典**だといえます。

　特典がサービスそのものと連動しているわけですから、特典のメリットも明確です。推測するに、特典にかけるコストもそれほど掛かっていないはずです。

　ある Wi-Fi サービスは「紹介経由のゲストは一番お得なプランに加入できる」という特典を用意しました。全プランで 20％オフ、手数料は一切掛からないという、まさに業界最安値での提供です。このプランは紹介した会員とゲストだけに向けたクローズドなものなので、競合は知る由もなく、他社に追随されることもありません。紹介者としては、他社ではあり得ない、しかも紹介者経由でないと入れないプランを友人にオファーできるので、オファーしない手はありません。実によく考えられた特典です。

またある呉服販売会社には、特典として振り袖の新規契約者に花のプレゼントを提案したことがあります。さらに花は着物に合ったものを契約者自身が選べるという内容です。この特典には2つの狙いがあります。

　1つは、振り袖を着るということはそもそも特別なイベントであるということ。そのイベントに花を添えることで、<mark>最高の顧客体験を提供する</mark>というものです。このユニークな施策によって顧客満足度が高まり、継続顧客になってくれる可能性が高まります。

　もう1つは、<mark>SNSで紹介体験をアピールしてもらう</mark>ことです。「振り袖＋花」という最高に「映える」組み合わせ。SNSに投稿する際に、呉服店の名前や店舗に対する感謝のメッセージがシェアされれば、大きな宣伝効果を発揮するでしょう。

紹介の対象とシーンを明確にする

　紹介プログラムの物理的な「紹介しやすさ」については以上です。続いて、心理的な「紹介しやすさ」について考えていきましょう。

　まずは「紹介の対象とシーンが明確なこと」が大切です。これは第5章でも少し触れました。

　とはいうものの、実際には紹介の対象とシーンが明確でないキャンペーンが多いのが現状です。私たちはそのようなキャンペーンを「砂に水を撒くようなものだ」と表現します。あまりにも対象が広すぎて、いくら告知しても、全部消えていくからです。

　例えばこんな紹介キャンペーンがあったらどうでしょう。あるサービスがアプリをリリースしたとします。まずはアプリをダウンロードしてもらうために「対象は誰でもOK。特典を差し上げますので、1人でも多くの方に紹介してください」という内容です。

　あなたが紹介依頼されたら、困ってしまうのではないでしょうか。

「このアプリはサービスを使っている人でないと意味がないはずだが、誰がこのサービスを使っているんだろう？」「このサービスを使っている友人がいるが、彼がアプリを入れてどんな得があるというのだろう？」

このように対象やシーンが不明確な状態では紹介は発生しません。いくら告知メッセージを配布しても、どんな素晴らしい特典を用意しても、砂に水を撒くように、まるで意味がないのです。

もしこれが「仕事と育児を両立するために頑張っているママさんにおすすめ」とあれば、ターゲットがはっきりしますし、そのターゲットがアプリを使うシーンもイメージできます。すると「誰々さんにピッタリかも」と紹介が発生するのです（図43）。

［図43］ターゲットやシーンを明確にすることで紹介が発生する

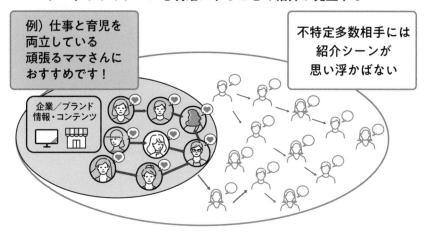

ターゲットの特性でメッセージを変える

自社のターゲットの特性をよく考えて、メッセージを考えることも重要です。

第1章では、女性のリファラルは共感型、男性のリファラルは優越感

あるいは漢気の発露といったことを述べましたが、ここでは性別とは関係なく、ターゲットの特性として**世話好き型**（共感など気持ちを重視）と**マッチョ型**（上下関係または漢気を重視）があるとします。

　世話好き型のターゲットに関しては、サービスの世界観や安心感・信頼感といったものの訴求が向いています。例えば「あなたの『幸せ体験』をおすそわけしませんか？」「お友達と一緒に○○○の輪を広げましょう！」といったキャッチコピーが有効になります。
　マッチョ型に関しては、特別感、ブランドの権威性、本格派であること、新しいこと、実利的なメリットなどが訴求ポイントになります。「知る人ぞ知る○○○を友人とシェアしよう！」「一流コミュニティへのご招待」といったキャッチコピーが有効です。

世話好き型とマッチョ型ではこんなに違う

　ここで４つの実例を見てみましょう。

①あるヨガスタジオの場合（ターゲット：世話好き型）

　紹介のモチベーションを上げるポイントは特典メリットではなく「友達に良いサービスを教えてあげたい」「お気に入りのサービスに誘って友達同士の話題を増やしたい」などが想定されました。
　そこで出てきたメッセージは「ヨガ友の輪を広げよう！」「私と一緒にヨガを始めよう♪」といったものでした。

②ある食品会社の場合（ターゲット：世話好き型）

　トッピング調味料について主婦層をターゲットにしたキャンペーンを実施。ターゲット特性は世話好き型と考えられるので、「どっちも得する！　お友達紹介キャンペーン」と銘打ち、紹介者もゲストのどちらにも同じ額（500円）のクーポンを特典にしました。

③次世代パンを開発・販売しているスタートアップ企業の場合（ターゲット：世話好き型）

　初期に購入してくれた顧客に向けて、熱い思いを投げかけて紹介を促すキャンペーンを実施しました（図44）。

　初期の顧客は「このスタートアップ企業を応援したい」という気持ちや、商品コンセプトや独自性などへの興味から商品を購入しています。ですから、機能や品質、メリットを訴求したメッセージよりも、もっと共感を呼ぶ熱いメッセージがふさわしいのです。

［図44］**世話好き型をターゲットにした紹介キャンペーンの例**

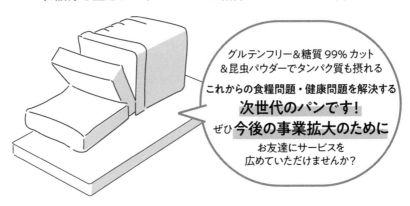

グルテンフリー&糖質99%カット
&昆虫パウダーでタンパク質も摂れる
これからの食糧問題・健康問題を解決する
次世代のパンです！
ぜひ **今後の事業拡大のために**
お友達にサービスを
広めていただけませんか？

④男性脱毛サービスを展開するメンズクリアの場合（ターゲット：マッチョ型）

　ターゲット特性をマッチョ型とみなし、限定感や特別メリットを強調した訴求で紹介キャンペーンを実施しました。特典は、1人紹介するごとに5万円のキャッシュバックというものでした。

　男性の脱毛はポピュラーになってきたとはいえ、まだネガティブな印象を持つ人もいます。そうした現状をふまえ、このキャンペーンでは脱毛の「先輩」である紹介者が「後輩」に脱毛のメリットを語る機会をつくり、特典をフックに紹介しやすくすることを狙っているのです。紹介された側も、男性の脱毛に対する心理的ハードルが低くなるでしょう。

第 3 部

プログラムタイプを選ぶ

第1部で述べたように、リファラルマーケティングの主要関係者は、顧客（紹介者およびゲスト）、事業者（企業、マーケティング本部）、さらに店舗や接客が伴う場合は現場スタッフ（営業、店舗スタッフ）です。他にパートナー、代理店、スポンサーなどが含まれることもあります。

　リファラルマーケティングの良さは、これらの関係者がすべてWinになる（全者Win）プログラムをつくれるということです。そして、そのようなプログラムをつくりましょうというのが本書の主張するところです。

　実際に実施されているリファラルプログラムで「全者Win」が達成できているものを抽出し分類すると、6つのタイプがあることがわかりました。**①インセンティブ式②アンバサダー式③ギフト式④紹介営業⑤スタッフ×OMO⑥パートナープログラム**の6つです（図45）。

［図45］**全者Winが達成できるリファラルプログラムのタイプは6つ**

| ①インセンティブ式 | ②アンバサダー式 | ③ギフト式 |
| ④紹介営業 | ⑤スタッフ×OMO | ⑥パートナープログラム |

　第3部では、これらを順に説明していきます。

なお、それぞれのプログラムが適用される主なサービスを表にまとめました。参考にしてください（図46）。

［図46］サービス別プログラムタイプ対応表

		インセンティブ式	アンバサダー式	ギフト式	紹介営業	スタッフ×OMO	パートナープログラム
法人会員	B to B	○	○				
スキルアップサービス		○	○				
マッチングサービス		○	○				○
福利厚生サービス		○	○				
HR（人材）		○					
SaaS モデル		○					○
メディア・サービス	B to C	▲	▲				
銀行・投資サービス		▲				○	
住宅・不動産・保険・車		○			○		
人材サービス		○			○		
アプリ系サービス							
冠婚葬祭サービス		○	○	○	○		
飲食店		▲	○	○		○	
エンタメ		○	○	○		○	
ファッション		▲	○	○		○	
高単価・嗜好品		○	○			○	
コスメ・美容グッズ		○	○	○			
健康食品・ボディメイク		○		○			
D to C		○	○	○			
宅食・生活協同組合		○	○	○			
エステ・美容整形		○					
学習塾・子ども習い事		○	○	○			
ヨガ・スポーツジム		○	○	○			
サブスク型サービス		○	○	○			

第 7 章

インセンティブ式

最も典型的なリファラルプログラムである
インセンティブ式

インセンティブ式は、最も典型的なリファラルプログラムだといえます。ひと言で言えば、**紹介者とゲストの双方にインセンティブ（特典）を提供することで紹介を促す方法**です。関係者は紹介者とゲストおよび紹介主催者（事業者、ブランド、現場スタッフ）で、これらの「三方良し」を目指すものです。

ただ、紹介者がユーザーでなかったり、紹介のターゲットが複数だったりといくつかの派生パターンがあります。シンプルに見えて奥が深いのです。本章では、できるだけ網羅的にパターンをご紹介していきます。

基本の構図と関係者のメリット

まずはインセンティブ式の基本的な構図を説明しましょう（図47）。

企業は紹介してくれる見込みのある人に紹介を依頼します。紹介者はその依頼に応えることで何らかのメリットがあると判断すれば、友人（ゲスト）に商品（サービス）を紹介し、メリットを享受します。

メリットは特典のこともありますが、それとは限りません。友人の感謝や良い商品を紹介したという満足感といった心理的メリットが大きいことのほうがむしろ多いです。また紹介者は、紹介により満足度や愛着も向上する傾向にあります（これは紹介者にとっても心理的メリットですが、それ以上に企業にとって大きなメリットです）。

紹介を受けたゲストは、興味があれば企業とアクセスし（ウェブサイトの閲覧、メールの受信など）、オファーを受け取ります。そのオファーを見て商品を気に入れば、購入・契約に進みます。購入・契約と同時に、オファーで示されたメリット（特典など）を享受します。

企業側は、他のマーケティング手段よりも**低コストで新規顧客を獲得**

できると同時に、既存顧客との関係を深めることもできます。どちらも大きなメリットです。

　このように紹介が成立することで、「三方良し」が実現できたことになります。これが基本パターンですが、派生パターンによっては考慮すべきことも変わってきます。以下、派生パターンを見ていきましょう。

［図47］**基本的なインセンティブ式の構図**

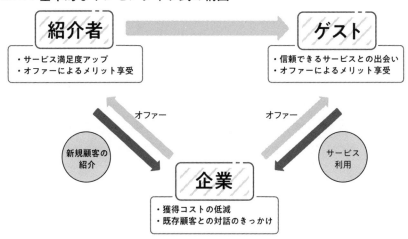

リファラルプログラムを活用した
グロースハック王道事例

　グロースハックとは「部門横断的に全社が連携してさまざまな実験的アプローチを実施し、アプローチで取得したデータを分析し、高速なPDCAサイクルを回して急成長する取り組み」をいいます。

　グロースハックをインセンティブ式のリファラルプログラムで実現した例として有名なのがUberです。

　Uberのリファラルプログラム（図48）では、紹介者と友人の双方に

20ドル分を無料で乗車できるクレジットを提供しています。この施策によるユーザー獲得コストは、1ユーザー当たり40ドルとなりますが、Uberにおける1ユーザー・1カ月当たりの平均利用金額は95ドルです。つまり、ユーザー獲得コストを会員獲得後1カ月以内で回収できる、極めて優秀な事例となっています。

このプログラムがもう1つ優れている点は、サービス利用メリットを特典にしている点です。リファラルを通してUberというサービスが広まるほど、既存ユーザーにとっては20ドルのクレジットの価値が高まります。このため、自分の友人や家族など関係する人すべてに招待メールを送ろうというモチベーションが発生しました。その結果Uberは急速に成長したのです。

同様のパターンで急成長した例として、バケーションレンタルのオンラインサービスを展開するAirbnb（エアビーアンドビー）が挙げられます。つまり、**グロースハックの王道パターンはリファラルマーケティングが担っている**ということなのです。

［図48］Uberが実施したリファラルプログラム

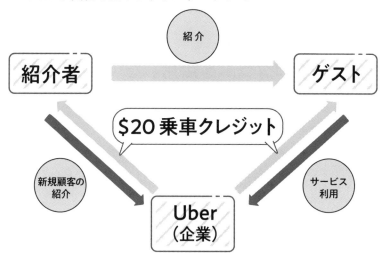

イノベータ同士のおすすめを狙う
リファラルプログラム

　第１章でも述べたように、効果的なのは「情報感度の高いイノベータやアーリーアダプタにアプローチする施策」です。

　例えば「シェアしたらもう１本プレゼント」という新商品キャンペーンなどは、イノベータ同士のおすすめを狙える施策です。この手のキャンペーンでは、**イノベータからイノベータへの紹介の連鎖が発生する**のが特徴です。商品の告知強化として、「毎月買うたびに……」「先着○○○名様限定！」等のアプローチも有効です（図49）。

［図49］イノベータ・アーリーアダプタ向けのリファラルプログラム例

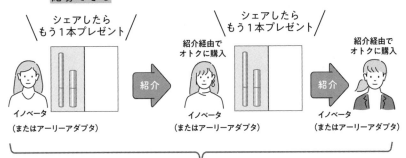

紹介者と利用者が異なる場合の
リファラルプログラム

　また紹介者と利用者が別のパターンもあります。代表的なのは学習塾。利用者は子ども（生徒）ですが、実際の紹介者は保護者（から保護者）になります（図50）。

このような場合には、**紹介特典と利用特典を分けるのがセオリー**です。利用者である子どもに対しては、子ども向けの特典を用意し、紹介者である保護者に対しては別途特典を用意します。そして子ども向けの特典をフックに、リファラルプログラムを子どもから保護者へ告知してもらいます。その際に「塾が楽しい」などの口コミも期待できます。

　ゲストの子どもは塾生のクラスメイトであることが多く、子どもからゲストへ、塾に関するポジティブな情報が伝われば、契約に至る確率は大いに高まるでしょう。

　特典内容だけでなく、告知内容も子どもと保護者で別の内容を用意しましょう。

　利用者である塾生に対しては、「お友達と一緒に授業を受けられるよ」といった紹介によって顧客体験が高まる内容や、「成績が上がって学校で自慢できるね」「難しい問題がスラスラ解けるようになったね」といったプライドや達成感に働きかける内容が良いでしょう。結果として、保護者や学校のクラスメイトへ塾に対するポジティブな評価が伝わることになります。

　一方、紹介者である保護者に対しては、「○○中学に×人合格しました」「今年も○○小学校の児童が××人入塾しました」「難関校対策にオリジナルプログラムを用意しています」など、ゲストに伝えやすい実績（ファクト）を伝えるようにします。

［図50］利用者と紹介者が異なる場合のリファラルプログラム例

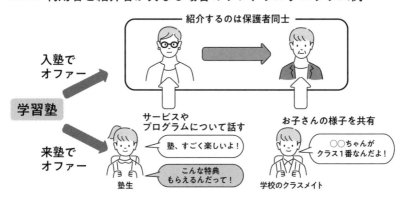

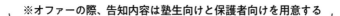

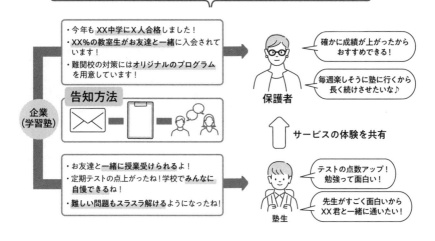

小規模な地方の塾で月次紹介数300件以上を達成

　具体的な事例で見てみましょう。地元の小・中・高生を対象とし、県内で全6教室を展開している地域密着型のA塾（仮名）のリファラル成功事例です。

A塾では、20年前までは地域の口コミだけで集客できていたのですが、集客はポータルサイトやウェブ広告などデジタルに移行。体験顧客の質が低く、入塾率に課題を抱えるようになっていました。そのような中、かつてのクチコミ集客にもう一度光を当てようと、今までアナログで実施していた紹介制度をデジタル化できないかということで私たちにご相談いただきました。私たちに相談があった理由は、リファラルマーケティングに力を入れたいが、本業以外にあまり人手を割けないというA塾のニーズに合致したからです。

　デジタルツールとしてはLINEを活用するということで、紹介キャンペーンを設計しました。来塾（見学）と入塾の2段階のコンバージョンを採用し、それぞれに以下の特典を用意しました。

①ゲストの来塾（見学）
・紹介した塾生にアイスクリームギフト券500円分
②ゲストの入塾
・紹介した塾生にAmazonギフト券2,000円分
・入塾した友人にAmazonギフト券5,000円分

　そして、のぼり、チラシ配布、教室内や玄関でのポスター掲示、塾内連絡のためのメール、窓ガラスに貼るPOP、ホームページ、QRコードを記載した告知カードなど塾生への告知をあらゆるタッチポイントで実施しました。職員の名刺にも、LINE紹介の文言とQRコードを記載するなど徹底した取り組みです。また入塾生の多い進学・進級シーズンにはさらに告知強化しました。結果として、**生徒の紹介キャンペーン認知率はほぼ100％**になりました。

　実際には塾生から塾生への紹介より保護者から保護者の紹介が多いのですが、塾生が喜ぶキャンペーンを実施することで、それが家庭で話題となり、保護者にもキャンペーンが拡散することを期待したのです。

キャンペーンの結果として、月次紹介数301件を達成。うち25人が来塾し、そのうち20人（来塾者の80%）が入塾しました。

キャンペーンは大成功だったといえるでしょう。成功の理由は、**告知をしっかりと実施したこと**と、紹介者もゲストも**すべての顧客が喜ぶ紹介体験を追究したこと**でした。

同じ属性の利用者に複数の属性の紹介者が考えられるパターン

同じ属性のゲストに複数の紹介者が考えられる場合もあります。例えば振り袖の紹介キャンペーンのパターンだと、ゲストの親に対して別の親から紹介が来るパターンがあります（振り袖を購入するのは通常は保護者なので、こちらが主となるパターンといえます）。学習塾のパターンと同じです。

しかし振り袖の場合は他の紹介パターンも考えられます。それはゲストの先輩や友人から「振り袖の試着・販売会があるから一緒に行こうよ」と誘われるパターンです。

このように同じ商品なのに、ゲストとは世代が違う保護者や、世代が同じ先輩や友人からも紹介してもらうパターンがあるということです。これについてもそれぞれ紹介者の属性に合わせて特典や告知内容を考える必要があります。

リファラルプログラムの主催者と告知者が別のパターン

インセンティブ式で多いのは、リファラルプログラムの主催者が紹介者に告知をするパターンなのですが、主催者以外が告知をするパターンもあります（図51）。

典型的なのは、加入企業に対して福利厚生を提供している企業の例。加入企業の社員に対して、福利厚生サービスの利用件数を増やすために

紹介キャンペーンを行う場合です。このようなキャンペーンの場合には、紹介依頼のステップを設ける必要があります。

　まずは福利厚生提供企業が、加入企業の福利厚生担当者（総務部や人事部）へ紹介告知を依頼します。すると福利厚生担当者は、利用経験のある社員に対して別の社員に紹介してもらうように依頼します（この場合、過去に利用経験がある社員に紹介がいくこともありますが、目的が利用件数を増やすことなので初めての利用である必要はありません）。

［図51］ リファラルプログラムの主催者と告知者が異なるパターン

　またこのケースでは、紹介してくれた社員および利用してくれた社員に主催者（福利厚生提供企業）からインセンティブを直接渡す（郵送またはデジタル配布）こともあります。直接渡すことで、加入企業に手間を掛けさせないという配慮になると同時に、利用者情報を得られるメリットともなります。

　合わせて加入企業側に協力を求めるパターンでは、実績に応じて加入企業へのインセンティブを考えることも必要かもしれません。

　ただ最近では、**デジタル媒体を使って会員である加入企業社員へ福利厚生提供企業側が直接紹介依頼をするケースが増えています**（事前に加入企業への告知が必要です）。デジタル媒体というのは、福利厚生提供企業が提供する、会員向けのデジタルサービスなどを指します。実際、ある福利厚生提供企業では、会員向けデジタルサービスを活用してリファラルプログラムを大成功に導きました。

この企業ではリファラルマーケティング管理システムを活用しています。まず会員は個別にマイページが与えられます。このマイページから管理システムに会員番号を引き継げば、ユーザー（会員）によるフォーム入力の手間を減らすことができます。

このようにユーザビリティを高めてリファラルプログラムに応募する仕組みを整え、会員企業へ提供したのです。（フォーム入力の手間を極力省くことで応募者は圧倒的に増えます。特にスマートフォンからの応募が増えます）。

また紹介者の主要ターゲットに、ポイント活動が好きな40代〜60代の男性を設定しました。主要ターゲットの傾向に合わせてランディングページ（LP）もつくりこみました。例えば彼らは説明不足を嫌う傾向があるため、告知媒体ごとにプログラムへの応募方法を詳しく記載することでランディングページからの離脱防止に努めました。これは加入企業の福利厚生担当者や提供企業の問い合わせ窓口の負担を減らすという狙いもあったのです。

結果として、プログラム全体のコンバージョン率は64%、月次コンバージョン数は260件、紹介コンバージョン率は133%という高い向上率を達成しました。

第 **8** 章

アンバサダー式

顧客の中からアンバサダーを選ぶ

　アンバサダー方式とは、自社の顧客の中から紹介実績の多い人に**アンバサダー（宣伝大使）**となってもらい、アンバサダーを通じて多くのゲストに紹介してもらうという方法です（図52）。

　企業としては、優良顧客との関係強化という名目でアンバサダーにさまざまなメリットを提供します。割引やプレゼントなどはもちろんのこと、優待サービス、プレミアムセール、新商品のテスト段階でのモニター依頼などがそのメリットに該当します。それ以上に、企業公認の「リーダー顧客」という信頼や名誉こそ、熱のあるファン顧客にとっては最大のメリットとなるでしょう。

　企業公認でありつつ、ユーザー側にスタンスを置いたアンバサダーからの紹介は、紹介される側から見ても説得力があります。

　もちろん企業にとっては、力強い「広告塔」を比較的低コストで獲得できる。ここでも企業、アンバサダー、ゲストの三方良しが発生しています。

インフルエンサーと何が違うのか?

　インフルエンサーマーケティングは近年では多方面で実施されています。有名人あるいはインフルエンサーとして活動している人にインセンティブ（金銭が主、紹介先1件当たりいくらといった形）を提供する代わりに、ブログやSNSでの口コミでの商品宣伝を依頼するというものです。

　インフルエンサーは、SNSで大量のフォロワーを持っている有名人やコミュニティ主宰者、あるいはアルファブロガー（PV数やコメント数などが桁外れに多いブロガー）、トップYouTuberなどです。彼らにSNSやブログ、あるいはYouTubeなどの動画配信サービスで商品を取り上げ

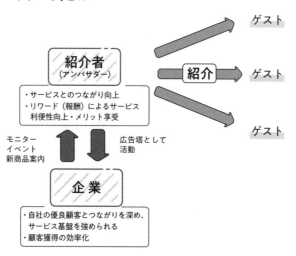

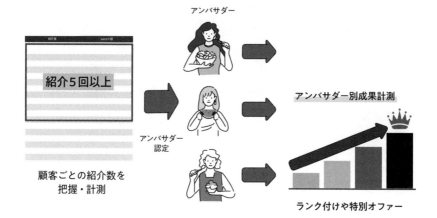

てもらうことで販促を狙うのです。

　第三者による権威付けは広告の世界では昔から行われており「お客様の声」や「専門家・有識者の意見」などが代表的なものです。それをSNSや動画配信で行うもの、と考えればわかりやすいでしょう。

　当初は大きな効果がありましたが、自身が使ってもいないのに商品を勧める**「やらせ広告」**や、一見宣伝には見えない**「ステマ（ステルスマーケティング）広告」**などが問題になり、以前ほどの信頼性がなくなってしまいました。

　今はよほど信頼性の高いインフルエンサーに依頼するしかなくなったわけですが、そのような人の価格は当然ながら高騰していますし、実際に使用してもらうとなると順番待ちになることもあります。その結果、現在のインフルエンサーマーケティングでも、自社にあったインフルエンサーの選定など、**量より質への転換が急務**になっています。

　その点、アンバサダーは元来その商品や企業のファンであり**「やらせ」ではないという信頼感**があります。また企業公認のアンバサダーですから、ステマにも該当しません。実際にヘビーユースしているファンによる紹介なので、質の高い広告宣伝が期待できます。

　インフルエンサーマーケティングやバズマーケティングのような、いわゆる**「バイラル（口コミ）マーケティング」の費用対効果が頭打ちになってきている**のに並行して、アンバサダーマーケティングのようなリファラルマーケティングが台頭してきているのです（図53）。

［図53］インフルエンサーとアンバサダーの違い

インフルエンサー

①他ユーザーに対する強い影響力がある
②自身のコミュニティに強く惹き付ける力がある

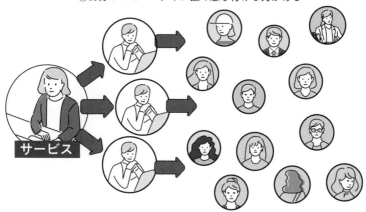

アンバサダー

①自社商材に対して熱意のあるファン
②自社商材を他ユーザーに対して自らアピールできる

拡散相手の50%が
CV→質的貢献度高

多くの人数に拡散
→量的貢献度高

顧客の紹介行動を補足する仕組みが必要になる

アンバサダーの選定基準は2つ

　インフルエンサーは、提供企業側から支払う料金（件数当たりの単価など）を提示して、引き受けてもらう形になりますが、アンバサダーは既に紹介実績の多い人の中から人を選んで、「今までたくさん紹介してくれてありがとうございました。今後はさらに特別な関係をつくりたいのですがいかがでしょう」と提案する形になります。

　ではどのような人をアンバサダーに選べばいいのでしょうか。**熱量と拡散性**の2つの観点があると考えられます（図54）。

　熱量は「自社サービスをどれほどの熱量を持って広めてくれるか」です。リーチ数も重要なのですが、それ以上に**「ファン度」**が大切になります。もう1つの拡散性は「その人からどれほどの顧客獲得が試算できるか、どのぐらいの収益が期待できるか」です。これもリーチ数が重要なのはいうまでもなく、**「1リーチの重み」**（言い換えればメッセージの質とその結果としての獲得率）こそが重要であり、やはり熱量と関係してきます。

［図54］アンバサダーには熱量と拡散性が必要

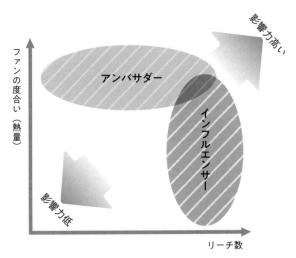

このあたりの事情をアンバサダーマーケティングで成功しているデルのコンシューマー＆ビジネスマーケティング統括本部部長である横塚知子氏は、AdverTimes.（アドタイ）の取材で、次のように語っています。

　「アンバサダープログラムでは、『**一人ひとりにどれだけ深く伝わるか**』を重視しています。（中略）従来のマスマーケティングによる『広域なリーチ』も大事ですが、顧客にブランドを深く理解してもらうには、『1 リーチの重み』も大切にしなければいけない、と強く感じました」

　またこの取材で横塚氏の対談相手を務めた東京工科大学メディア学部専任講師の藤崎実氏は、「アンバサダープログラムは、お金を掛けて大きく立ち上げると、むしろ後戻りができなくなる可能性があります。雪だるまが転がり大きくなるように、だんだんと周囲を巻き込んでいく方法がベストのようです」と、**アンバサダープログラムはスモールスタートが良い**ことを強調しています。

※出典：AdverTimes.（アドタイ）

https://www.advertimes.com/20171206/article262474/6/

アンバサダーの募集方式には大きく2種類ある

　アンバサダーの募集方法として紹介実績の多い人に依頼するというのは既に述べました。過去にリファラルプログラムを何度も実施してきた会社であれば、その実績から紹介実績の多い人を探すことは簡単です。

　その一方で「新たにリファラルマーケティングに取り組みたいのだが、アンバサダー式を使いたい」という企業や自治体なども実は多いのです。おそらくアンバサダー式の成功事例が多数紹介されてきたからでしょう。また「地域おこしといえばアンバサダー」と考える自治体や地方企業が多いこともあるでしょう。

　リファラルプログラムの経験が乏しい企業や団体がアンバサダー候補を探すには 2 つの方法があります。1 つは自社や自社商品・ブランドをエゴサーチして、**何度もブログや SNS などで取り上げてくれている人**

を探すことです。

　もう1つは、**公募すること**です。スミフルジャパンのアンバサダープログラムを例に挙げてご説明します。

　スミフルジャパンは、生鮮青果物の輸入および販売（国産果実も扱っています）業者です。バナナだと「完熟王」というブランドが有名です。一般的には、完熟王かスミフルのアンバサダーを募集するところですが、スミフルは「バナナ」という果物の1種類に特化したアンバサダーを集める戦略を採用しました）。スミフルが広めたいのは、自社や自社ブランドよりも「バナナをもっと食べること」だったからです。

　同社のアンバサダーは紹介実績に基づくものではなく、「とにかくバナナが大好きな人」ならば**誰でも参加できる完全公募制**です。登録は自由。その後活動内容によってポイントが貯まり、ポイント数によってランクアップ。ランクに応じた秘密の特典を受けられるというものです（図55）。

※出典：スミフルジャパン公式ウェブサイト（図55含む）
https://www.sumifru.co.jp/campaign/sns/ambassador/

[図55] **スミフルジャパンのバナナアンバサダープログラム**

　このように実績に基づいてアンバサダーとしてのランクが上がり、特典も変わっていくという方式であれば、特に審査は必要ありません。ス

ミフルの方法は、とにかくアンバサダーの裾野を広げたいという考えに基づいているのでしょう。消費財や食品などに向くやり方です。

　一方でアンバサダーの質にこだわり、一人ひとりを強くバックアップしたいと考えるのであれば、審査を実施することになります。人数は当然少なくなりますが、一人ひとりをアンバサダーとしてじっくり育成していきたいと考えるのであればこのやり方がいいでしょう。こちらは比較的高額な商品に向くと考えられます。

　以上の方法で即効性があり最も早く成果が出るのは、自社のリファラルプログラムで何度も紹介してくれた実績を持つ顧客から選ぶ方法でしょう。選定もスピーディですし既に紹介実績があることから、成果の出る確実性が高いと思われます。アンバサダー式は、リファラルプログラムを実施した実績がある会社ほど始めやすいといえるでしょう。

アンバサダーがアンバサダーを呼ぶ「アンバサダー紹介制度」

　アンバサダーがアンバサダーを呼ぶ仕組みをつくって、アンバサダーを増やす方法もあります。代表的なのがネスレ日本による「ネスカフェ　アンバサダー制度」です。アンバサダー同士の自発的なコミュニティが発生し、コミュニティの輪が紹介で広がっていくというものです。ネスカフェ　アンバサダーはアンバサダー同士の Facebook や LINE のつながりがあり、アンバサダー同士で非常に仲が良いようなのです。

　ネスカフェ　アンバサダーのプロモーションはテレビ CM でも行っていますが、最も多いのはアンバサダーからの口コミを聞いて、楽しそうだなと応募するパターンなのだそうです。募集に対しては審査があるのですが、基本的にはアンバサダーからの紹介なので、かなり質の高い候補者が募集してきてくれるのだそうです。

※出典：リクナビ NEXT ジャーナル
https://next.rikunabi.com/journal/20170223_c1/

コミュニティづくりに関しては、まずは企業側から働きかけ、事務局的な機能を果たすのですが、軌道に乗ればユーザーの自主性に任せるというパターンが多いようです。

IT企業もこのような取り組みが得意で、IBMやマイクロソフトといった外資系企業や富士通、日立といった日本の大手企業もそれぞれ**ユーザー会**を持っています。ユーザー会の設立当初は各企業ともかなり労力を使いますが、キーとなるユーザーが出ているとその人たちに運営を委ねて、サポートに徹するというのが共通のパターンです。紹介での案件受注が多い**BtoBのIT企業では、ユーザー会が一種のアンバサダーコミュニティとなっている**のです。

新商品モニターによる座談会

では集めたアンバサダーに対してどのような施策を実施するのがいいのでしょうか。

定番の施策としては、複数のアンバサダーに新商品モニターを依頼し、一定期間試用してもらってから座談会を開催するというものがあります。先ほどインタビュー記事を紹介したデルなどIT企業が得意とするパターンです。

参考にデルの施策について、先ほどの『アドタイ』の記事から引用します。

「横塚：（中略）一口に『デルのアンバサダー』といっても、購入した製品や利用歴、年齢、職業まで千差万別です。そんな方々が集まった時に、お互いに語り合える『共通言語』をつくるとしたら、やはりデルの最高の製品を実際に『体験してもらう』ことが一番だと考えました。

そこで、アンバサダーイベントの第1弾は、デルのフラッグシップ製品である『XPSシリーズ』をまず1カ月間モニター体験してもらい、その後に座談会を開催しました。

藤崎：フラッグシップ製品を徹底的に使ってもらえるようモニター期間を１カ月も取ったのは素晴らしいですね。

横塚：大勢のファンを呼んで交流を楽しむ『ファンミーティング』の案も当初は挙がりましたが、やはり製品を実際に使って最高の体験をしてもらい、その後に集まった方が私たちデル社員との会話も充実するはずだと考えました。

藤崎：だからモニターと、その後のイベントも少人数にしたのですね。

横塚：はい、中身の濃さを重視しました。結果的に、成功でしたね」

※出典：AdverTimes.（アドタイ）

https://www.advertimes.com/20171206/article262474/5/

　デルの狙いは、**ロイヤル顧客の率直な声を聞いてサービス改善に寄与すること**と、サービスだけでなくその裏にいる社員まで理解してもらうことで**愛着度を増してもらうこと**でした。そのために少人数による中身の濃いイベントを企画し、成功を収めたのでした。新商品モニターによる座談会という形式よりも、この２つの狙いにこだわったことが本質的であり、重要なのです。まず考えるべきことは施策の狙いや目的。必ず頭に置いていただきたいことです。

　実際にデルが実施したアンバサダー座談会の様子は、デル公式ウェブサイトに紹介されています。

記事執筆やSNS発信を依頼する

　アンバサダーの活動として、オウンドメディアへの記事執筆やアンバサダー本人のSNSで発信してもらうというのも定番です。

　先ほどから紹介しているデルの取り組みですが、もう１つ紹介させてください。こちらも『アドタイ』の記事からの引用です。

※出典：AdverTimes.（アドタイ）

https://www.advertimes.com/20171214/article262876/3/

「横塚：実は、アンバサダープログラムを始めてからは、お金を払う記事はやめたんです。今は、基本的にアンバサダーに書いてもらう記事と報道メディアによる記事だけに絞っています。また、新製品発表会にもアンバサダーをお招きするようにしました。（中略）

横塚：熱量もさることながら『目線』が違います。例えば、プレス発表会に参加した方は、新製品だけでなく、会場の様子やスタッフの様子も書かれたりします。また、座談会に参加した方は、『デルの座談会に行って、製品はこうでした』に加えて、『デルの社員と話してみて、こう思いました』といったことも書いています。このように、**アンバサダーの方々が消費者に近い目線で積極的に発信してくださることで、その記事を読んだ一般消費者が、デルブランドへの理解や信頼を深めることにつながっている**と感じています。（中略）

横塚：アンバサダーの方々が書く記事は、お金を払って書いてもらう記事と違って、どれだけその製品やデルが好きなのかといった個人の気持ちが入っています。彼らの言葉には嘘がなく、熱意であふれていますので、それが説得力を生み出しているんだと思います」

デルは有料広告への出稿をやめて、プレス発表会とアンバサダーによる記事出稿に絞っているといいます。これは究極の広告費削減です。世界的な大企業がこれだけ挑戦的な取り組み（しかもコストはむしろ掛かりません）をして成功しています。逆に中小企業こそ取り組むべきことではないでしょうか。

公募制のアンバサダーからも質の高い記事を集めることは可能です。

インセクトコレクションは、俳優の香川照之氏がプロデュースする昆虫をモチーフとした子ども服のブランドです。「地球の上で生きている昆虫と子ども達。大人も子どもも自然と共に学び成長し、1日を大切に過ごしてほしい」というブランドコンセプトに基づき、SDGsや知育といった分野に深く取り組んでいます。

そのインセクトコレクションが、自社ブランドの取り組みを広げてくれる「虫コレアンバサダー」を一般公募しています。指定するハッシュタグとメンションを本文に入れて Instagram に投稿し、寄付に参加してくれたフォロワーから随時アンバサダーを選考し、ダイレクトメッセージで声がけするという方式です（図56）。
※出典：インセクトコレクション公式ウェブサイト（図56含む）
https://content.insect.market/sns-donate-ambassador/

[図56] インセクトコレクションのアンバサダー制度

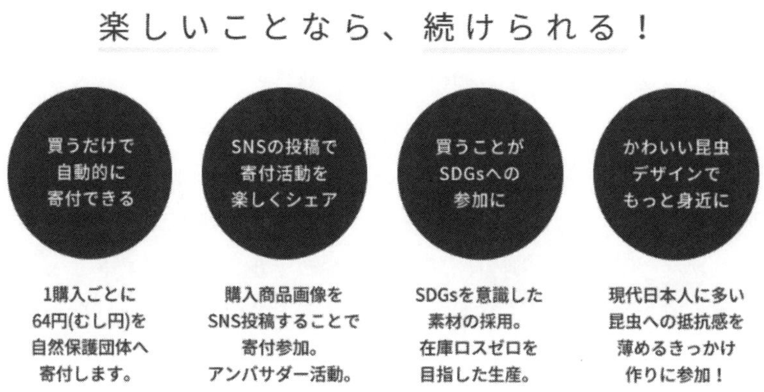

楽しいことなら、続けられる！

買うだけで自動的に寄付できる	SNSの投稿で寄付活動を楽しくシェア	買うことがSDGsへの参加に	かわいい昆虫デザインでもっと身近に
1購入ごとに64円(むし円)を自然保護団体へ寄付します。	購入商品画像をSNS投稿することで寄付参加。アンバサダー活動。	SDGsを意識した素材の採用。在庫ロスゼロを目指した生産。	現代日本人に多い昆虫への抵抗感を薄めるきっかけ作りに参加！

アンバサダーへインタビューを実施

　いざ記事を依頼しようと考えても、アンバサダー全員に文才があるとは限りませんし、書くこと自体を面倒と思う人も多いでしょう。記事の品質を担保しながら、アンバサダーの負担も減らし、よりアンバサダー像をクリアにできるという意味で、アンバサダーへのインタビュー記事は有効な手段の1つです。
　インタビューの質問例としては、自社商品を皆に勧めたい理由、自社（商品・ブランド）へのフィードバック、自社商品を推奨しやすい関係や

シーンについてなどです。

　インタビュー記事はもちろん PR にも使えますが、その際にはあくまで**アンバサダーが自然に発言した内容を書くべき**で、「いわせた感」や「都合の良いところだけを切り取った感」がないようにしましょう。そのためには**良かった点だけではなく、不満点や改善提案などを聞き出すことも重要**です。あるいはアンバサダーからの改善提案による変化などを記載しても、臨場感があっていいのではないかと思います。

アンバサダーへのリワードを考える

　アンバサダーを活用する施策について考えてきました。続いて、アンバサダーにどのような**リワード**を提供するかについて考えてみましょう。

　リワードとは、報酬やご褒美という意味で、自社や自分のために資金や時間を使ってくれた人に報いるための何らかの価値のことをいいます。マーケティングでは、割引、プレミアムセール、プレゼントなどが一般的です。クーポンやポイント、マイルなどでリワードを受け取るパターンもあります。

　まず考えられるのが、**特別価格での提供**です。低価格で購入（あるいは無料提供）してもらい、その商品に関する記事等を書いてもらうことで拡散を狙います。アンバサダーからの利益は当然減りますが、拡散先で利益が確保できます。アンバサダーから失った分の利益は広告宣伝費だと考えましょう（図57）。

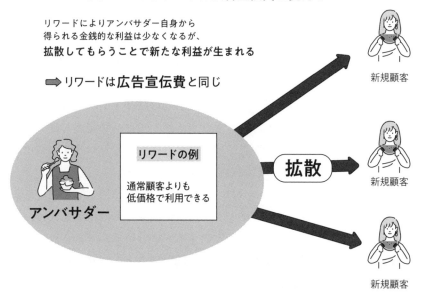

［図57］アンバサダーへのリワードは広告宣伝費と捉える

リワードによりアンバサダー自身から
得られる金銭的な利益は少なくなるが、
拡散してもらうことで新たな利益が生まれる

➡ リワードは**広告宣伝費**と同じ

リワードの例

通常顧客よりも
低価格で利用できる

アンバサダー

拡散

新規顧客

新規顧客

新規顧客

　よくあるのは、例えばヨガのインストラクターやダンス教室の先生にアンバサダーになってもらい、**アンバサダー経由で購入すると安くなる**というキャンペーンを実施することです。

　こうすることでアンバサダーはいつも以上に積極的に拡散してくれます。この方法ではアンバサダー経由の購入者から得る利益も下がりますが、商品が大量に捌（さば）けるというメリットがあります。また先生をアンバサダーにすると、生徒が顧客として定着してくれるケースも多いため、割引は質の高い新規顧客獲得のためのコストだと考えれば、コストパフォーマンスは高いといえます。

他では得られない特別な権利を付与する

　アンバサダーに対するリワードの定番としては、**サービスの価値を体験できる特別なイベントや新製品モニターの権利を付与する**という方法

もあります。先ほど紹介したデルの例は、新商品モニターになると同時に座談会に参加してもらうもので、2つのパターンを兼ね備えている、かなりプレミアムな企画だといえます（しかも少人数でさらにプレミアム感を醸し出しています）。

　ある幼児向け知育サービス会社ではアンバサダーに対して、講師と一緒にランチに行く権利を付与しています。この場合アンバサダーは保護者、利用者は子どもということになりますが、子どもを交えて先生とランチをして話ができるのは、アンバサダーの保護者はもちろん、利用者である子どもにも貴重な体験になります。

　プレミアム感のあるリワードとしては、新商品であればモニター、人気商品を優先的にアンバサダーへ案内するという特典も考えられます。
　以上のように**プレミアム感のある「体験」は、アンバサダーのロイヤリティをさらに向上するリワードになり得ます。**

ポイント付与やランク付けが アンバサダーの意欲を刺激する

　先ほど「アンバサダーの募集方式には大きく2種類ある」（135ページ、本章）にて紹介したスミフルジャパンの事例で、アンバサダーのランク付けと秘密の特典の話をしました。アンバサダーが活動するたびにランクが上がる仕組みは、**アンバサダーの意欲を刺激する方法**としてはかなり有効です。さらに同じアンバサダーでも「プラチナアンバサダー」といったプレミアム感のある称号はかなり誇らしいものです。
　ランク付けするリファラルプログラムはとても効果が高いものです。実施する際は、アンバサダーの活用評価とランク付けが連携できるようなプラットフォームを使うことが理想的です（私たちが提供しているinvyなどのリファラル管理サービスを利用すれば簡単に構築することができます）。

プロフェッショナルにアンバサダーに
なってもらう

　先ほどヨガインストラクターやダンス教室の先生にアンバサダーになってもらい、商品を安く大量に買ってもらう例を挙げました。このようにプロフェッショナル（特に「先生」）にアンバサダーになってもらい、企業とプロがWin-Winで成果を上げる取り組みがあります。

　スポーツ衣料販売のルルレモンは、神奈川県や東京都のヨガインストラクターやアスリートトレーナー等に声を掛けて、自社商品を着てもらう代わりに、アンバサダーとしてさまざまな活動機会を提供する取り組みをしています。

　アンバサダーとなったインストラクターやトレーナーの生徒は、ルルレモン製品を安く購入することが可能です。またアンバサダーはルルレモンの店舗で体験レッスンを実施することも可能です。

　一部のインストラクターやトレーナーの間ではルルレモンに認定を受けて、ルルレモンのウェアを着ること自体が名誉なことだと考えられています。つまり彼らは<mark>広告塔になりながら、さらにルルレモンへの愛着度を高めている</mark>ということなのです。

アンバサダーマーケティングのメリットと具体事例を見る≫
https://s.creativehope.co.jp/invy/blog/ambassador-marketing

アンバサダープログラムの成果を計測する

　どんな施策でも成果目標を立て、実践して結果が出たら目標との対比を評価し、達成に至らなかった指標に対しては対策を考えて、次の実践に臨む。すなわちPDCAサイクルを回すことが重要です。

アンバサダープログラムについても例外ではなく、以下のデータを取得し、アンバサダーの行動量と紹介の質を数値的に把握しなければなりません。特にアンバサダーのランク付けを実現したいのであれば、必須の作業となります。

【アンバサダープログラムの成果計測に必要なデータ例】

・アンバサダーごとのアクション数
・アンバサダーごとの告知先へのランディング数
・アンバサダー別コンバージョン率
・アンバサダー経由顧客の LTV

　こうした数値をアンバサダーごとに可視化して、レポートとしてリアルタイムに見られることも、デジタル活用という観点からは重要です。

アンバサダープログラムのレポートサンプルを見る≫
https://s.creativehope.co.jp/invy/ambassador-report/download

第 9 章

ギフト式

ギフト式とは？

　ギフト式とは、特典（体験や割引クーポンなど）を簡単にデジタルギフトとして贈れるようにすることで、友人や家族に気軽におすすめしてもらうことを狙う方法です。ギフトを贈るという比較的日常的なコミュニケーションを活用したものです（図58）。

[図58] ギフト式とは

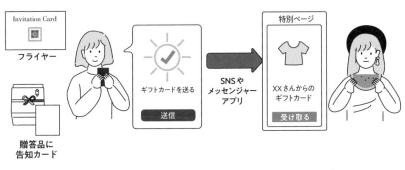

Invitation Card

フライヤー

贈答品に
告知カード

ギフトカードを送る

送信

SNSや
メッセンジャー
アプリ

特別ページ

XXさんからの
ギフトカード

受け取る

**体験・割引クーポンを
デジタルギフト化して送信**

**メッセージ付きの
招待状を受信**

　ギフト式が普及してきた背景には、**ギフトがデジタル化している**ことがあります。以前は贈り物といえば、贈る側がデパートに出掛けて自分で選び、熨斗を付けてもらい、基本的に持参するものでした。それが郵送になり、通販の登場により贈り物を自宅で選べるようになりました。さらにカタログギフトが登場して、贈られる側が内容を選べるようになりました。この50年ぐらいの間にギフトは大きく変化したわけです。

　さらにここ数年のデジタル化ギフトは進化し、より気軽に贈れるようになりました。例えばAmazonギフト券は紙の商品券タイプのものもありますが、デジタルでチャージすることも可能です。Amazonギフト券以外のクーポン券も紙のものもある一方、当たり前のようにデジタル化

された**デジタルクーポン**も提供されるようになりました。デジタルクーポンはスマホアプリで送ったり、メールにQRコードを添付する形で送ったりすることも簡単にできます。使う側もスマホさえあれば簡単に利用できるので、双方に重宝がられています。

　物品に限らず、**体験をプレゼントする際もデジタルギフトは便利**です。スカイダイビング体験をデジタルでプレゼントするといったことも簡単にできるわけです。

　もちろんチケットを郵送することでも可能ですが、個人情報保護が年々厳しくなる中、**最近は友人同士でもお互いの住所を知らないということがよくあります。**メールアドレスもあまり教えたくないというケースさえあり、例えばLINEやFacebookといったSNSではつながっているが、お互いのメールアドレスを知らないということも珍しくなくなりました。

　お互いの住所やメールアドレスを知らないという場合は、LINEやFacebookで贈ることが普通でしょうし、紙のチケットや物品の郵送が必要な場合には、受け取り側がアプリ経由で業者にアクセスして、受取先の住所を入力する手もあります。

　このようにデジタルギフトは便利さとともに、内容の多様化によって急速に普及しているのです。

デジタルギフトを贈るシーンが多様化している

　デジタルギフトは体験をプレゼントするのに向いており、いつでも気軽に贈ることができるため、従来では考えられなかったような新しいギフトが登場しています。

　例えば、上司の健康を気遣う部下向けには「脳ドック」のギフト券が存在します。またグリコが提供する「スマイルビスコ」は、ビスケット菓子のビスコの包装袋に指定した写真を印刷してくれるサービスで、オ

リジナリティあるギフトとして人気です。

　このような**新しいギフトの登場によって、ギフトを贈るシーンも多様化しました。**誕生日のお祝いメッセージやクリスマスカードも手軽に贈れるようになりました。わざわざプレゼントを贈ると、相手側がお返しを贈るのも大変なので、知り合い程度の間柄ではプレゼントを贈るのは遠慮されていたものですが、デジタルカードならお返しも楽なので重宝されています。ちなみに invy のパートナープログラムでも、活動が熱心なパートナー企業様に贈るアワードにコーヒーのデジタルギフトを送っており、パートナー様からは喜びの声をいただいています。

　こうした身近な事例に、自社が提供する顧客体験の中からギフト化できるものを見つけるヒントがあるはずです。どんなシーンでどんな目的のためにギフトが贈られているかを研究してみてください。

ギフトを贈る際のターゲット特性と
コミュニケーション

　第6章「世話好き型とマッチョ型ではこんなに違う」（110 ページ）で、ターゲット特性として「世話好き型」と「マッチョ型」があると述べました。どちらも性別にかかわらず存在するのですが、どちらかといえば世話好き型はいわば女性的で、共感や気持ちを重視します。一方マッチョ型はどちらかというと男性的で上下関係や漢気（おとこぎ）を重視します。

　ギフト式の場合はギフトに紹介者の気持ちが反映される、つまりギフトによるコミュニケーションが成立するため、インセンティブ式やアンバサダー式の場合よりも特にターゲット特性が重要になります（図59）。

[図59] ギフト式はターゲット特性の見極めが大切

┌────────────────────────┐   ┌────────────────────────┐
│ 世話好き型のターゲットには │   │ マッチョ型のターゲットには │
└────────────────────────┘   └────────────────────────┘

家族・親友

親友・同僚
後輩

- ほんのきもち
- お裾分け
- 大阪のおばちゃんの「飴ちゃん」

- 漢気を見せる（一定金額の負担が想定される）
- 感謝の気持ちを伝える

世話好き型を対象とするギフトは、「ほんのきもち」「お裾分け」といった手軽なものが好まれます。「大阪のおばちゃん」がいうところの「飴ちゃん」のイメージです。**世話好き型は世話を焼くのは好きなのですが、何かをもらうことによる精神的負担が大きい**のです。

一方、マッチョ型に対しては、**「少し痛いかな」ぐらいの漢気が見えるギフトが適当**です。お世話になった人や目上の人に感謝の気持ちを伝えるためにギフトを贈るからです。とはいえ高価すぎると受け取る側も負担になるので、「ちょっとだけ多めにお金を使いました」ぐらいが適当です。

贈与に対しては返礼をしないといけないという精神的負担があるのは、ターゲット特性にかかわらず同じ。違いは「どのぐらいの金額や価値から負担を感じるか」です。

ギフトの代金を誰が負担するか？

ギフトの代金を誰が負担するかによって、大きく２つのパターンがあ

ります。

　1つは、紹介者である顧客が負担するパターン（パターンAとします）で、熱量が高いファン的顧客の「布教活動」を後押しする形になります。**ハードルが高い分、熱量も高い**ので、アンバサダー式のように「1リーチの重み」が大きくなります。

　もう1つは、紹介プログラムをつくる企業側が負担するものです（パターンBとします）。インターネット広告のCPA（Cost Per Acquisition、顧客獲得単価）が1人当たり8,000円〜1万円以上掛かるといわれていますから、いっそインターネット広告への出稿をやめて、**リファラルプログラムのゲストに直接使ったほうが、より確度の高いキャンペーンができる**という考えに基づくものです。

自社商品を顧客が購入してまで人に勧める動機とは？（パターンA）

　パターンAは自社商品を顧客がわざわざ購入してくれた上で人に勧めるというパターンです。これはどういうときに成立するのでしょうか。例を4つほど挙げてご説明します。

　一番わかりやすいのは、**「布教ギフト」**と呼ばれているもので、自分が好きで堪らないものを人にも教えたいという理由で購入するものです。

　例えばこんな例です。

「あわよくば好きになってもらえればいいなと思って、アイドルのCDを友達にあげる。渡す相手は、ちょっとでも興味を持ってくれそうな人を選ぶ。メルカリで売ってお金にするよりいい選択だと思っている」
※出典：日経クロストレンド
https://xtrend.nikkei.com/atcl/contents/18/00474/00003/

　また**自分が買いたいがために、友人に勧める**という例もあります。気

になるものがあるが少し高額な商品である場合などに、友人に勧めたいという動機付けで購入を決断するという場合です。

この2つの例は方向が逆ですが、**自分が欲しくて堪らないものを人に勧める**という点では共通しています。

3つ目は**日頃の感謝や気遣い、相手への想いを伝えたいためにギフトを購入して紹介する**例もあります。具体的には脳ドックなどがあります（図60）。

[図60] 脳ドックのギフト例

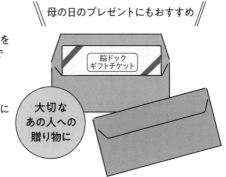

母の日のプレゼントにもおすすめ

大切なご家族とパートナーに、脳ドックを贈って、「日頃の感謝」と「ずっと健康でいてほしい気持ち」を伝えませんか？

誕生日や敬老の日、お祝いなど、思いのこもったプレゼントを贈りたい方におすすめ！

出典：スマート脳ドック GIFT SHOP
https://smartdock.base.shop

大切な
あの人への
贈り物に

脳ドック
ギフトチケット

4つ目は**サブスクリプションのお試しをギフトとして贈る**場合があります。自分が大好きなサブスクサービスを人にも伝えたいのですが、いきなり定期購入してもらうのはハードルが高いものです。解約が簡単にできることを義務づける法改正が行われようとしていますが、裏を返せば解約も手間がかかる場合が多いということ。そこで紹介者が1カ月のトライアルサービス（自動継続されないもの）を購入して、ギフトとして贈るというサービスが考案されました。

サブスクリプションの良さは実際に使ってみないとわかりませんが、一般的な無料トライアルは自動更新されるものが多く、解約を忘れそうだと二の足を踏む人も多いでしょう。こうした懸念から、無料トライア

ルでさえも勧めるのはためらわれがちです。そこで紹介者側がトライアル料金を負担し、なおかつ自動継続もされないようにすれば、**勧めることへのハードルがグッと下がる**わけです。

企業側で代金を負担し確度の高い見込み客を獲得する（パターンB）

ウェブ広告のCPAが高騰してしまったので、それならばゲストへのギフト代に回そうというのがパターンBでした。

これは私たちがある食品会社に提案したプログラムです（図61）。

自社の食品を贈答品として贈られた新規利用者（まだ顧客にはなっていない見込み客）に対して、リファラルプログラムのQRコード付き告知カードを同封します。受け取った人が食べておいしいと思えば、告知カードに付いているQRコードをスマホで家族や友人に贈るでしょう。受け取った人も紹介された人も半額で購入できるということなら、両方が買うかもしれません。CPAが1万円だとすれば、6,000円ぐらいの負担は問題ないどころか、4,000円の節約になるのです。

紹介によって定着する顧客が多いので、最初に贈答品として受け取った人は継続的に購入してくれる可能性が高いでしょう。その人から紹介された人にも同様の告知をしていけば、**紹介の連鎖が生まれる**かもしれません。同じようなパターンは化粧品サンプルなどでも見られます。

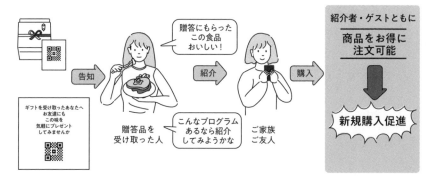

時間限定で一気に拡散させる

　ある子ども服の EC サイトでは、セール終了後の閑散期に、見込み客数拡大施策としてリファラルプログラムを活用し、**24 時間で 600 件のコンバージョンを獲得**しました。

　方法は極めてシンプルで「24 時間限定で 500 円のクーポンをプレゼントします」と告知しただけです。プレゼントの条件は、紹介した友人が購入すること。条件を満たした際には、紹介者と友人の両方に 500 円分のクーポンが配布されます。

　しばらくは動きがなかったのですが、しばらくしてママ友の間で一気に拡散し、前述した 600 件のコンバージョンに結びつきました。CPA（顧客獲得単価）は 578 円という驚くべき低コスト。ランディングページでのコンバージョン率は15％と、素晴らしい数字を達成したといいます。

もらう前にゲストがギフトを決める「ネタバレギフト」

　ギフト式でリファラルマーケティングを実施する際に、その流れ（フ

ロー）を考えるときの重要なポイントは2つあります。

1つは「**ギフトをいつ・誰に選択してもらうか**」。もう1つは「**ギフト金額の決済はいつ・誰が行うか**」です。

まず「ギフトをいつ選択してもらうか」について考えてみましょう。30代以上ではおそらく、ギフトは紹介者が選ぶことを前提に考えている人が多いと思いますが、Z世代の間ではノーサプライズの「**ネタバレギフト**」が流行しています。これは「ゲストが欲しいギフトを自分で選べる」というものです。

カタログギフトや何にでも使える商品券などのように「もらう側が内容を選ぶ」という点では同じですが、選ぶタイミングに違いがあります。

Z世代以下の若い世代では、このネタバレギフトのようにLINEなどであらかじめプレゼントを決めるコミュニケーションが行われています。若年層をターゲットとする場合は、ネタバレギフトのパターンも検討する余地はあろうかと思います。

決済はいつ・誰が行うのか?

そしてギフト式のフローを考える上でもう1つ重要なポイントは、ギフトの決済をいつ・誰が行うかです。

「誰が」についていえば、紹介者か企業のいずれかになります。紹介者が決済するパターンでは、ギフト送付前に決済するのが今のところ一般的です。一方、企業が負担する場合には、ゲストへ紹介後、何らかのトリガーで企業側にゲストへのギフト発送依頼が届いたタイミングで、企業による代金負担が行われます。これは体験だったり、サンプル品を用いることでマーケティングコストとみるケースが一般的です。

図は、以上の説明をシンプルに図解したものです（図62）。実際には、紹介者がゲストにメッセージを送った際に、受取がデジタル送付で完結

するというフローもあります。ですから実際のフローはもっと細かいものになりますが、ポイントとしてはギフトをいつ・誰が決めるのか、決済をいつ・誰がするのかに着目すれば、大きな流れで間違うことはないでしょう。

[図62] 決済するタイミングの違い

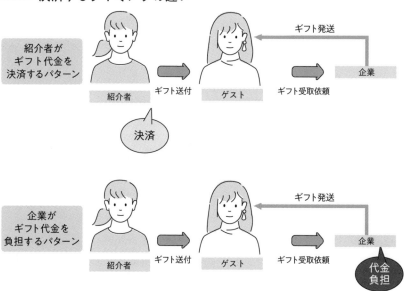

紹介と寄付を連動させるリファラルプログラム

厳密にいえばギフトではないのですが、ギフト式のフローを使って、紹介と寄付を連動させる取り組みをしている企業もあります。

例えば商品を紹介するタイミングに合わせて、紹介が発生するごとに慈善団体への寄付も発生する、というフローを作るのです（図63）。

[図63] **紹介と慈善活動への寄付を組み合わせたプログラム例**

企業のサービス紹介／認知を通じて、SDGs への貢献＝寄付・活動認知に

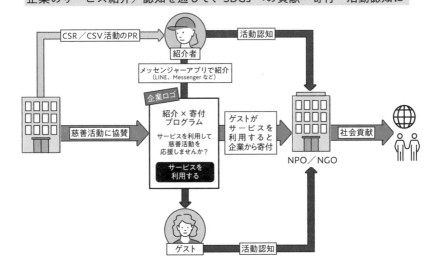

　寄付金は企業が負担することになります。自社が SDGs 関連の取り組みをしていて、その取り組みと関連がある慈善団体への寄付を集めるためのリファラルプログラムを企画すれば、**企業イメージの向上や共感する人の顧客化**につながります。紹介者とゲストには金銭や物質的なギフトは届きませんが、**寄付による社会貢献の実感という「心のギフト」**が届きます。慈善団体にはもちろん寄付が集まることになり、ここでも「三方良し」、さらにはキャンペーン企画側の企業においては企業イメージ向上を図れるという点で「四方良し」が実現することになります。

１
５
８

第 10 章

紹介営業

ここまでの3タイプとここからの3タイプの違い

これまで説明してきたリファラルプログラムのタイプ（インセンティブ式、アンバサダー式、ギフト式）は、企業がリファラルプログラムを紹介者に告知し、紹介者が知り合いに紹介するというパターンでした。

ここから先の3つ（紹介営業、スタッフ×OMO、パートナープログラム）はこのパターンと少し違うものになっています。

紹介営業は、企業から直接紹介プログラムを告知するのではなく、**営業パーソンを経由して告知**します。またスタッフ×OMOは店舗スタッフや営業パーソンが紹介者になります。最後のパートナープログラムは、BtoB限定のパターンで、代理店などのパートナー企業に紹介してもらうというものです。

これらは論理的（MECE）な分類というよりは、あくまで実際に世の中で成功しているリファラルプログラムを分類するとこの6パターンになるといった実務的・実践的な分類となっています。

紹介営業とは?

では改めて紹介営業とはどんなプログラムなのかを見ていきましょう。

単純にいえば、紹介者への告知を企業（マーケティング本部等）から直接ではなく、営業パーソンを介して行うというものです。大前提として、紹介者が営業担当に対して信頼と好意を抱いており、ゲストに対して「××を買うなら○○さんに任せれば間違いないよ」と言ってもらえるということです。つまり**営業パーソン個人の信頼度が鍵になるプログラム**なのです。

紹介営業で大切なのは、営業パーソンのモチベーションです。担当す

フォレスト出版　愛読者カード

ご購読ありがとうございます。今後の出版物の資料とさせていただきますので、下記の設問にお答えください。ご協力をお願い申し上げます。

●ご購入図書名　　「　　　　　　　　　　　　　　　　　　　　」

●お買い上げ書店名「　　　　　　　　　　　　　」書店

●お買い求めの動機は?
　1. 著者が好きだから　　　　　　2. タイトルが気に入って
　3. 装丁がよかったから　　　　　4. 人にすすめられて
　5. 新聞・雑誌の広告で(掲載誌誌名　　　　　　　　　　　　)
　6. その他(　　　　　　　　　　　　　　　　　　　　　　)

●ご購読されている新聞・雑誌・Webサイトは?
(　　　　　　　　　　　　　　　　　　　　　　　　　　　　　)

●よく利用するSNSは?(複数回答可)
　□Facebook　　□Twitter　　□LINE　　□その他(　　　　)

●お読みになりたい著者、テーマ等を具体的にお聞かせください。
(　　　　　　　　　　　　　　　　　　　　　　　　　　　　　)

●本書についてのご意見・ご感想をお聞かせください。

●ご意見・ご感想をWebサイト・広告等に掲載させていただいても
　よろしいでしょうか?
　　□YES　　　　　　□NO　　　　□匿名であればYES

あなたにあった実践的な情報満載! フォレスト出版公式サイト

http://www.**forestpub.co.jp**　フォレスト出版　検索

郵便はがき

料金受取人払郵便

牛込局承認

5044

差出有効期限
令和6年5月
31日まで

1 6 2 - 8 7 9 0

東京都新宿区揚場町2-18
白宝ビル7F

フォレスト出版株式会社
愛読者カード係

||.||ı.ı||ı.||ı.||ı|.ı||ı.ı..ı.|ı|ı.ı|ı|ı.ı||ı.ı|ı|ı.ı||ı.ı||ı.ı||ı||ı.ı||

フリガナ	年齢　　　歳
お名前	性別（ 男・女 ）
ご住所　〒	
☎　　　（　　）　　　FAX　　（　　）	
ご職業	役職
ご勤務先または学校名	
Eメールアドレス	
メールによる新刊案内をお送り致します。ご希望されない場合は空欄のままで結構です。	

フォレスト出版の情報はhttp://www.forestpub.co.jpまで!

Present

この本をお取りいただいたあなたへ
フォレスト出版の叡智を無料プレゼント

フォレスト出版人気講師があなたの人生を変える、
極上のコンテンツを提供

Secret Gift

市村よしなり氏
年収を10倍にするマインドセット（PDF）

今井澂氏
6分類で考える個別株投資の分析手法
〜ウラ読み特別版〜（MP3）

久野和禎氏
一流のリーダーが必ず身につけている
リーダーシップの極意とは？（動画）

横山信弘氏
ロジカルトーク3メソッド（動画）

その他、フォレスト出版が誇る人気講師が登場予定!

**今すぐアクセスしてコンテンツを
手に入れる**

http://frstp.jp/sgx

**フォレスト出版人気講師が提供する叡智に触れ、固定概念に
とらわれず、経済的束縛をされない本物の自由を手にしてください。**

まずはこの小さな小冊子を手にとっていただき、
誠にありがとうございます。

"人生100年時代"と言われるこの時代、
今まで以上にマスコミも、経済も、政治も、
人間関係も、何も信じられない時代になってきています。

フォレスト出版は
「勇気と知恵が湧く実践的な情報を、驚きと感動でお伝えする 」
ことをミッションとして、1996年に創業しました。

今のこんな時代だからこそ、そして私たちだからこそ
あなたに提供できる"本物の情報"があります。

数多くの方の人生を変えてきた、フォレスト出版の
人気講師から、今の時代だからこそ知ってほしい
【本物の情報】を無料プレゼントいたします。

5分だけでもかまいません。
私たちが自信をもってお届けする本物の情報を体験してください。

**著者との裏話や制作秘話、最新書籍を紹介！
お得なキャンペーン情報も！**

フォレスト出版公式 SNS
よく利用するSNSで、ぜひフォローしてください♪

Facebook	Twitter	Instagram	Youtube
「フォレスト出版」を検索	「@forest_pub」を検索	「forest_publishing_gallery」を検索	「forestpub1」を検索

http://frstp.jp/fb　　http://frstp.jp/tw　　http://frstp.jp/insta　　http://frstp.jp/yt

もしくは上記URLにアクセスでフォローできます

先のことを考えると、不安になる…

"人生100年時代"の今だからこそ、
生涯使えるスキルを手にしたい…

そんな今の時代だからこそ、
フォレスト出版の人気講師が提供する
叡智に触れ、なにものにも束縛されない
本当の自由を手にしましょう。

フォレスト出版は勇気と知恵が湧く実践的な情報を、
驚きと感動であなたにお伝えします。

まずは無料ダウンロード
▼

http://frstp.jp/sgx

る営業パーソンとしては、「自分が紹介を依頼したら顧客が紹介をしてくれる」という精神的な満足感もモチベーションとして重要ではありますが、より重要なものがあります。それは「正当な人事評価がされ、給与・賞与と結びつく」こと。したがって**営業パーソン単位での実績が客観的（数値的）に評価できる仕組みが整っていることがプログラム成功の肝**となります。

　また営業パーソンにとって紹介依頼が大きな負担になると、モチベーションが萎えてしまいます。したがって紹介依頼活動をサポートする仕組みも必要となります。

紹介営業の基本パターン

　紹介営業の基本パターンを図示します（図64）。

［図64］**紹介営業の仕組み**

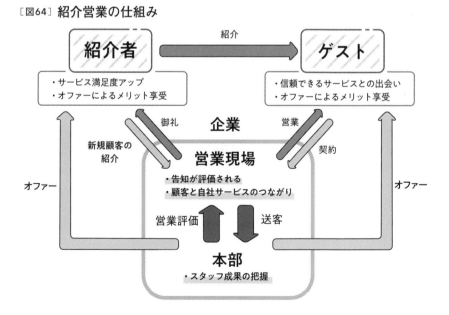

第7章のインセンティブ式の図47と比較してもらえば一目瞭然で、本部と紹介者およびゲストとの間に営業現場が入るだけです。紹介者とゲストへのオファーが本部から出ることには変わりありません。リファラルプログラムの企画・設計等も本部が担うのが一般的です。

　それら以外の人間関係にかかわる部分は営業パーソンが担うことになります。本部の役割として、営業パーソンが担う部分の評価とサポートが増えることになります。

紹介営業が必要な業界とは?

　例えば消費財や食品などを一般消費者向けに販売している業界であれば、リファラルプログラムに営業がかかわる必要性はあまりないといえます。本部で企画して、本部で実践すれば済む話で、評価やサポート等に工数を取られることはありません。

　しかし例えば自動車や住宅、不動産、保険、冠婚葬祭などでは、本部だけが動くプログラムではあまり成功しそうな気がしません。何が違うのでしょうか。

　紹介営業が有効な商品の特徴を5つ挙げると①購入までの意思決定が複雑である②購入・契約までのリードタイムが長い③高額である④人生に何度もない低頻度の買い物である⑤商品選択に専門知識を必要とする商品である、となります。

　これらに当てはまる商品であれば、本部主体ではなく顧客接点である営業現場の出番となります。顧客の相談を受けてコンサルタントやエージェント的な動きをする営業、すなわち顧客の意思決定を大きくサポートする営業の場合、紹介も営業に任せるほうがうまくいくのです。

ブランド優位か営業優位かで
コミュニケーションが変わってくる

　ただ同じように顧客の意思決定に大きくかかわるといっても、ブランド優位なのか営業優位なのかで顧客とのコミュニケーションの仕方が変わってきます。

　ブランド優位の場合は、営業パーソンがあまり前面に出る必要はなく、**ブランドイメージを棄損しないような心がけ**が必要になります。強いブランドは、社内でブランドイメージが浸透しているはずなので、リファラルプログラムもブランドの戦略や規範に従えばいいはずです。

　ブランド力がさほど強くないため、営業パーソンの腕次第という場合は、彼らの**個性を生かすことができるプログラム**を考えるべきです。例えば営業の顔が見える紹介告知ページをつくるといった施策がおすすめです（図65）。名刺にQRコードを印刷して、スマホから営業パーソン専用の紹介告知ページに飛ぶようにしておくのです。紹介の確度を上げようと思ったら、営業パーソンの顧客満足度評価ページに飛び、評価点が高いときには紹介告知ページに飛ぶという方法も考えられます。

[図65] 営業担当の個性を生かすプログラム例

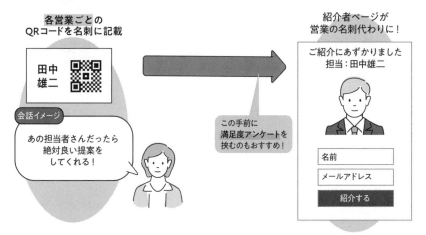

企業規模によって営業パーソンのメリットも 評価ポイントも変わる

　紹介営業プログラムを実施するにあたって、全国に展開している大企業と地域に密着している中小企業では、プログラムによる営業パーソンのメリットも評価ポイントも違うことに注意が必要です。

　全国展開している企業の場合は、紹介者とゲストが全然違うエリアに住んでいて、ゲストの担当営業が自分とは違う人になる可能性があります。したがって大企業の場合は、**営業パーソンの紹介数が評価されるような評価制度を導入する**必要があります。

　一方、地域密着の企業では、紹介者とゲストも同じエリアに住んでいるので、担当営業が変わる可能性は少ない。したがって紹介数を評価しなくても顧客数が増えるわけですから、それだけでメリットが大きいのです。もちろん紹介数を評価してもいいのですが、それよりも、**ゲストの担当営業に自分がなれると保証すること**が有効です。ゲスト宛に担当営業の顔と名前が自動的に紹介されるなど、制度や仕組みのサポートをしっかりと行うべきです（図66）。

[図66] ゲストへ自動的に担当営業が紹介される仕組み例

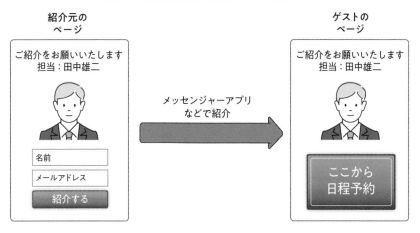

紹介営業におけるタッチポイント管理

　リード（見込み客）の獲得から契約に至るまでに、営業パーソンと顧客のタッチポイントはいくつもあります。特に紹介営業が有効とされる商品においては、多数のタッチポイントがあって、行きつ戻りつの複雑な経路（**カスタマージャーニー**）をたどることが普通です。

　その複雑な経路を管理するために **SFA** や **MA** などの営業やマーケティングにおける顧客関係構築支援ツール、いわゆる **1 to 1 ツール** が普及してきています。LINE なども一種の 1 to 1 ツールとして活用することができます。タッチポイントの中でも **定期接点（定期的に持つべきタッチポイント）** といわれる重要なポイントがあり、企業（本部）側はそのあり方を定義し、管理していくことが求められてきています。

　定期接点のどこで紹介を誘発するかは、紹介告知が成功させる上でとても重要なポイントであり、熟慮が必要となってきます（図67）。

［図67］ **タッチポイントを整理してアプローチ方法を管理する**

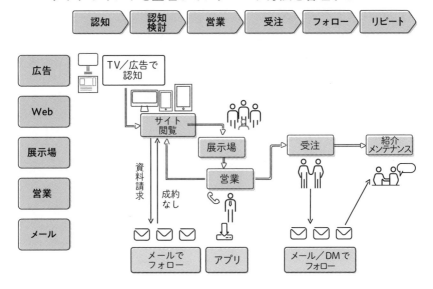

例えば不動産の場合ですと、モデルルームに来場して担当営業が付くというのが定期接点の重要なポイントとなります。その他は契約締結、建築完了時の引き渡し、その後の定期メンテナンス訪問などが代表的な定期接点です。

　これらのどこで紹介告知をすれば良いか。全部、というのが正解ではなく、営業パーソンと顧客の関係性によってベストなタイミングが決まってきます。**最初の紹介告知のタイミングとしては「顧客が最初に関係性の深まりを実感するタイミング」がベスト**であるわけですが、それをどうやって捉えるかが課題になるわけです。

　それは営業パーソンの個人的な資質でも違ってきますし、会社が決める業務職掌（どこから営業が深くかかわり始めるのか）によっても変わってきます。一概にどのタイミングとは決められませんが、それを知る方法としては、定期接点ごとに顧客満足度を調査する手があります。簡単なアンケートで顧客満足度を測定し、一定の得点以上であれば紹介告知をするのです。

　人間は一貫した行動を取りたがる性質がありますので、一般的には**高く評価した営業パーソンの頼みはなかなか断れない**ものです。逆に低く評価した営業パーソンの頼みは聞きたくないでしょう。日頃から顧客満足度がどうすれば高まるかを意識した営業活動を心がけることが肝心なのです。

紹介営業とCRMを組み合わせる

　定期接点で顧客満足度調査を行い、高得点の人に対して紹介告知をすると良いと述べましたが、その目的で **CRM** が活用できます。

　CRM（Customer Relationship Management、顧客関係管理、CRM を実現するツールのことを言うこともあり、その際には顧客管理システムと訳すことが多い）と

は、ひと言で言えば、既存顧客との関係性を踏まえた最善のアクション を導き出すためのツールです。CRM を導入している企業は、もはや一 般的ではないでしょうか。

　CRM には通常、配信機能が含まれており、設定したタイミングで自 動的に紹介告知を行うことができます。その機能を使えば、定期接点で メールや LINE メッセージなどを送ることができ、自動的・効率的に紹 介告知を行えるというわけです（図68）。

［図68］ CRM と LINE を使ったプログラムイメージ

①告知方法	②紹介ページ での告知内容	③ゲストページ での告知内容	④CV誘導と 特典内容
▼チラシ配布 店頭で LINE友だち 登録誘導 顧客とのコミュニケーショ ン用に LINE アカウントの 友だち追加を促進 ▼友だち登録と合わせ て紹介誘導 登録のフローに紹介告 知を入れることで、コ ミュニケーションのきっ かけになる。	紹介いただいたご友人 が相談カウンターに来 店すると… ご紹介者に Amazon ギフト券 5,000円分 プレゼント▤ さらに 来店されたご友人にも Amazon ギフト券 5,000円分 プレゼント▤	紹介されたあなたには… Amazon ギフト券 5,000円分 プレゼント▤ 紹介状の使い方 ▼このページから 来店予約 ▼来店時「紹介で来店 した」とお伝えくだ さい。 ▼下のボタンから QR コードを発行してスタッ フにお見せください。 QRクーポンを発行	▼CV条件 友人の来店 来店予約を完了後、店 舗にてQRクーポンを読 み取るとCVとして記録さ れる。 ▼特典内容 紹介者と友人両方に Amazonギフト券 5,000円分

　具体例を挙げますと、不動産エージェント L 社（地方 6 店舗展開）では、 CRM と LINE を組み合わせて、紹介告知を効率化しました。結果とし て初月で 500% の ROAS（広告費用対効果）を達成しました。月次紹介数 81 件、紹介による月次売上換算は 225 万円、新規顧客の 25% が紹介経 由でした。

　L 社では来店した顧客に対して、LINE の公式アカウントを案内し、

LINE を活用して契約までの流れをサポートしています。この企業は、LINE 登録へのお礼メッセージの段階で紹介キャンペーンへの導線を付けています。営業パーソンはカウンターで LINE お友だち登録を促し、その流れで紹介プログラムの案内をするのです。

　LINE の公式アカウントを登録してもらうタイミングで CRM にも登録されるのはもちろんのこと、**CRM の初期フェーズから紹介に結びつけているパターン**だということができます。

　その後も定期導線で、LINE メッセージを自動配信し、そこから紹介キャンペーンへ誘導しています。

紹介営業のレポートサンプル≫
https://s.creativehope.co.jp/invy/referral-sales-report/download

紹介営業の成果計測

　紹介営業に関しても、他のプログラムタイプと同様に成果計測をします。**把握すべきは、営業パーソンごとの成果**です。評価項目としては、紹介数、紹介率、紹介告知のコンバージョン率、引き上げ率（来店・来場等からの契約率）、来店から継続している顧客の割合などが挙げられます。

　これらを管理するのに Excel 等を使うのは、入力が面倒で営業パーソンや営業アシスタントへの負担になります。集計も面倒な上、紹介率などの途中経過のデータをいちいち記録するのは現実的ではありません。入力漏れ発生のリスクもあります。成果計測や成果評価に使うのは無理があります。

　そこでおすすめなのが管理ツールの活用です。例として invy を用いた成果計測フローをご紹介します。

　まず営業パーソンごとに紹介告知ページを用意して、名刺等にその URL を QR コード化したものを載せる。QR コードから紹介告知ペー

ジに入ってもらうようにします。こうすることで、顧客がどの営業パーソンの告知ページを見に来たか、そのページ以降どのページでどんな行動をしたかは、すべてデータとして取得することが可能です。

　蓄積したデータを分析し、レポート化できるツールがあれば、成果データの把握から評価、本人や上司・本部へのレポーティングに至るまで、**すべて自動で行うことができる**のです。（図69）。

[図69] invy を用いた紹介営業の成果計測例

紹介営業の強化についてEbookをダウンロード≫
https://s.creativehope.co.jp/invy_download_referalsales

紹介営業強化のコンサルティングに関するお問い合わせ≫
https://s.creativehope.co.jp/invy/referalsales

第 **11** 章

スタッフ×OMO

OMOとは

　OMO という言葉をご存じの方も多いと思いますが、念のために説明しておきます。OMO とは、**"Online Merges with Offline"** を略した言葉で、**オンラインとオフラインの融合**という意味になります。

　インターネットやスマートフォンが普及した今の時代においては、顧客接点にはオフラインとオンラインの両方があります。企業側から見れば、店舗と EC サイトは違うものですから、担当部門もデータも分けておくほうが管理しやすいかもしれません。しかし顧客から見れば同じ会社であり、店舗と EC サイトで別々の対応をされるのは好ましくありません。

　最近は店舗へ買い物に行く前にオンラインで調べるというケースはいくらでもあります。そこでオンラインとオフラインを別々に管理していると、顧客体験の流れ（カスタマージャーニーマップ）がつながらなくなってしまいます。

　また店舗スタッフも SNS で集客したり、LINE で顧客対応したりするようになりました。つまり接客といってもオフラインとは限らず、オンラインで顧客体験を提供し、顧客データの収集もするようになったということです。

　こういう時代背景の中、顧客管理も店舗オペレーションも、**情報システムもオンラインとオフラインを融合させる**べきということで、OMO という概念が普及してきたのでした。

　似たような概念に**オムニチャネル**や **O2O** があります。オムニチャネルは、企業が持つあらゆる流通チャネルを統合し、一元管理しようという考え方で、OMO と似ています。違いはオムニチャネルがチャネルの統合という企業視点の考え方であるのに対して、OMO はカスタマージャーニーをベースにオンラインとオフラインを融合する（区別しない）という顧客視点の考え方だということです。

　O2O は、"Online to Offline" の略で、オンラインを活用して集客し、

店舗に来てもらうという考え方です。スマホアプリや LINE でクーポンを送って、それを店舗の買い物で使ってもらうという施策が該当します。オンラインはあくまで集客手段であるところが OMO とは違います。

OMO時代はスタッフが自ら紹介を担う

　店舗スタッフや営業スタッフが、OMO の仕組みを使って紹介をするプログラムタイプを本書では「スタッフ×OMO」と呼びます。

　言葉だけ聞くと「紹介営業と何が違うのか」と思うかもしれません。しかしまったく違うもので、紹介営業は社外の人間である既存顧客に紹介を依頼するのに対し、**スタッフ×OMO では、本来社内の人間である店舗スタッフや営業パーソン（まとめてスタッフと呼びます）が既存顧客や知人に紹介をする**のです（図70）。

［図70］ スタッフ×OMO とは

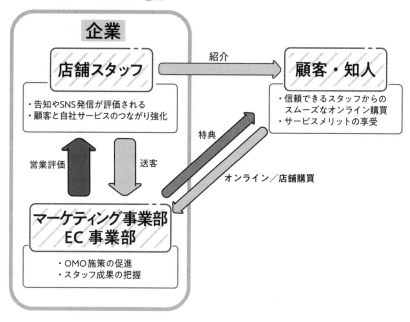

SHIBUYA 109 などに行くと、個人の LINE で大勢の顧客とつながっていて、新商品を案内して集客し、多額の売上を上げる**「カリスマ店員」**がいます。このようなスタッフをイメージしてもらえば、わかりやすいかもしれません。カリスマ店員は個人的に LINE や SNS を使っていることも多いのですが、スタッフ× OMO はあくまで会社の施策として、オフィシャルに行うものです。したがってスタッフに対しては売上だけでなく、紹介の実績なども評価対象とする必要があります（図71）。

[図71] スタッフ× OMO のプログラム設計例

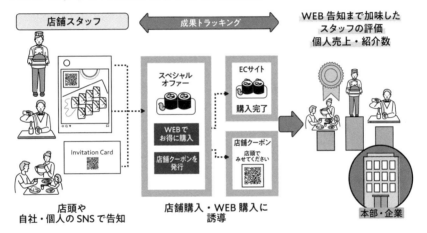

顧客にとってスタッフはどのような存在か？

スタッフ× OMO というリファラルプログラムタイプが成立するのは、**顧客から見て店員が単なる販売員ではなくなっている**という背景があるからです。

SHIBUYA 109 に出店しているアパレルブランドのカリスマ店員を例にご説明します。カリスマ店員たちは、従来の販売員の役割・スキルは

当然持っていますが、それ以上に顧客に真似したいと思われるコーディネートで商品を着こなしている**ファッション・アイコン**でもあるわけです。このような役割を「**ロールモデル**」と呼びます。

　また、例えばワインのソムリエや保険販売員のように、顧客の疑問点を解明し、行動を後押しするタイプのスタッフもいます。これを「**サポーター**」と呼びます。

　さらに、顧客の相談に乗り、専門的な知識を授けるプロフェッショナルなスタッフもいます。例えばプロ並みのギターの腕前を持っている楽器店の店員や、一流のアスリートでオフにはスポーツショップの販売員をしている人などです。これを「**専門家**」と呼びます（サポーターとの違いは微妙ですが、例えばソムリエはワインを飲むプロではなく、勧めるプロだということです）。

　このようにサポーターと専門家の違いは微妙ですし、サポーターや専門家でもロールモデルたり得る人もいます。つまり厳密な分類ではなく、スタッフにはこれらのいずれか、または複数の役割が求められているのが今の時代なのです（図72）。

［図72］**販売にとどまらず、顧客が求める店員の役割は広がっている**

ロールモデルはスタッフ個人が「推し」になる

　それぞれの役割のスタッフが具体的にはどういう活動をしているか、簡単に見ていきましょう。

　贔屓(ひいき)にしているアイドルのことを**「推し」**と呼びます。ロールモデル**はスタッフ個人が「推し」になるパターン**です。

　ロールモデルの場合は、Instagram や TikTok などの個人アカウントを持っていて、そこで自分の顔と名前を露出します。そして宣伝したい商品を自ら使っているところをアピールします。さらにライフスタイルやプライベートな素顔まで見せることで共感を集め、ファンを増やしていきます。ファンとなった顧客は本人に会いたくて来店するのです。

サポーターは顔の有無より商品の「映え」が重要

　ロールモデルはスタッフの露出が重要だったのに対して、**サポーターの場合は「推し」ではなく「押し」（商品の「映え」や接客でのプッシュなど）が重要**です。例えば飲食店では、SNS で料理の写真を出しますが、スタッフの顔写真は必ずしも出しません。出しても構わないのですが、必須ではないということです。

　大手チェーン店などでは、スタッフがポップなどを使って LINE 公式アカウントなどに誘導するトークを行うこともあります。居酒屋などで経験したことのある人も多いのではないでしょうか。サポーターの場合、スタッフ別に LINE へ誘導した成果を計測し、スタッフの評価に反映することができると現場のモチベーションアップにつながります。

専門家は「先輩」「先生」

ロールモデルは「推し」、サポーターは（商品の）「押し」でしたが、専門家の場合は、「先輩」や「先生」のポジションを狙うパターンだといえます。

楽器店に行くと、楽器奏者のプロとしても活躍しているスタッフがいます。これは昔からあるパターンなのですが、OMO 時代の今ではオンラインをフル活用していることが多いようです。演奏シーンの YouTube 投稿、オンラインセミナーの開催、SNS を使ったオフライン開催イベントへの集客、個人ブログまたは会社の公式ブログへの投稿などオンライン活用は多岐にわたります。**スタッフの専門性を積極的にオンラインで発信している**のです。

スタッフの発信施策とCRMを結びつける

ロールモデルや専門家が行っている活動は以前は個人的に行っていることでしたが、それを会社の施策として行うのが本書でいうスタッフ×OMO です。

会社の施策として行うからには、管理できることが必要ですし、また売上という結果だけでなく、プロセスも含めた評価をすることが重要になります。

そこで肝心なのは、**スタッフの発信施策と CRM が結びつくこと**です。会社の CRM とスタッフの施策が連動することで初めて、管理も評価も可能になるからです（図73）。

そのためには会社公式の LINE や SNS のアカウントや公式ブログ、公式メルマガなどを用意することが必要になります。これらは管理のために必要であると同時に、スタッフの発信メディアとしても重要です。

ですからなるべく制約の強いものではなく、スタッフの要望を取り入れた使い勝手のいいものとするように心掛けましょう（ただしブランドイメージの統一、例えばロゴの使用などに関してはしっかりとしたルールを定めなければなりません）。

［図73］スタッフの発信施策を充実させて CRM と結びつける

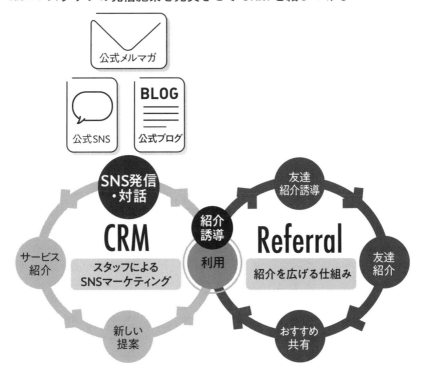

告知ポイントにデジタル導線を設置する

スタッフ発信施策と CRM を連動する上で最も大切なことは、スタッフの告知ポイントに必ずデジタル導線を設けることです。例えばスタッフ個人の Instagram に写真を投稿する際には、告知ページへ誘導するもの（QR コード等）を必ず付加するというルールをつくります。そうしな

いと評価対象にならないとするのです。とはいえ QR コードの添付など
は面倒ですから、人任せにすると徹底されませんし、実際のところ、**実
績と自信のあるスタッフほどそのようなルールを守らない傾向がありま
す。**したがって自動的に添付される仕組みを用意するなど、楽にルール
を守れる工夫をすることが得策です。

　なお QR コードを使えば名刺やパンフレット、ポップ、ポスターなど
紙媒体をデジタル導線にできますので、積極的な活用をおすすめします
（図74）。

[図74] ユニークQR コード／ URL を用いたデジタル導線の例

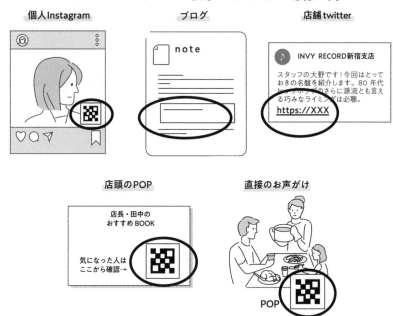

個人Instagram　　　　ブログ　　　　店舗 twitter

店頭のPOP　　　　直接のお声がけ

店舗でのコンバージョンポイントを洗い出し
成果計測方法を検討

　告知ポイントにデジタル導線を設置するためには、店舗でのコンバー
ジョンポイントを洗い出す必要があります。デジタル導線を設けるのは、

紹介告知を簡単・確実に行うためですが、一方で管理や評価のためでもあります。そこでそれぞれのポイントでの計測方法も確認または検討しておく必要もあります。計測にかかるコストも把握しておくといいでしょう（図75）。

［図75］CV（コンバージョン）ポイントと計測方法の例

	CVポイント	計測方法	単価
オンライン	会員登録	タグ	―
	オンラインストアでの購入	タグ	タグで動的に取得
	LINEお友だち登録	招待コード	―
	アプリDL	招待コード	―
オフライン	店舗での購入	QR読み取り	商品コードをもとに管理

　仕組みを整えることで、初めてスタッフの紹介行動が売上にどれだけ貢献したかが把握できるようになるわけです。またスタッフ×OMOプログラム全体の費用対効果も把握できるようになるのです。

　少し複雑なパターンですが、実際の成果計測例としてオンラインストアと店舗の両方に誘導するケースを図示します（図76）。
　図は複雑ですが、簡単にまとめると、オンラインストアへの誘導成果と購入金額は各紹介ページに付けているタグで把握し、オフラインストアでの購入は発行したQRクーポンと商品番号を元に金額を管理しています。

[図76] オンライン・店舗に誘導する場合のコンバージョンポイント

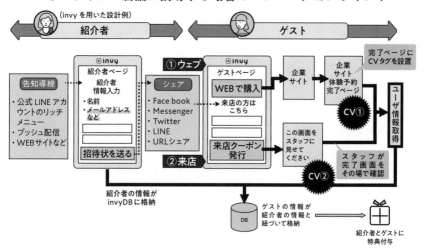

デジタル導線の誘導先は
「スタッフ専用ページ」が有効

　デジタル導線はオンラインとオフラインのどちらからでも設置できますし、するべきです。それと同じく、**購入先もオンラインとオフラインの両方が選べるようにしましょう。**

　具体的には、デジタル導線の誘導先では購入先が選べるほうがいいでしょう。店頭で買いたい人向けには店舗向けクーポンを発行し、オンラインで買いたい人向けには購入ページへのリンクを用意します。どちらで購入するにしても、スタッフ専用ページを通るわけですから、売上に貢献したのがどのスタッフであるかを把握することができます。

　さらにスタッフの名前や顔写真、本人によるおすすめコメントがある「スタッフ専用ページ」を案内できると、スタッフのモチベーションはさらに上がりやすいでしょう。そうすることで、スタッフも熱の入った紹介コメントを書こうという気持ちになるわけです。

スタッフの成果レポートだけでなく顧客も
スコアリングする

　スタッフ×OMOにおいても、スタッフごとの成果レポートの作成が必須なのは言うまでもありません。

　それだけではなく、**スタッフと顧客の関係性もスコアリングして見える化しておくこと**が重要です。そのスタッフ経由でどの顧客がどのようなアクションをしているかを把握し、計測しておくのです。

　関係の深い顧客へのフォローも必要ですし、何よりもそのスタッフが長期休暇を取ったり、退職したりした場合のインパクトも計算しておくことも重要です。

OMOスタッフプログラムのレポートサンプルを見る≫
https://s.creativehope.co.jp/invy/omo-report/download

第 12 章

パートナープログラム

BtoBの顧客企業に顧客を紹介してもらう

　パートナープログラムは BtoB 特有のリファラルプログラムで、**顧客企業に別の顧客を紹介してもらったり、代理店に顧客を連れてきてもらったりするパターン**です（図77）。

［図77］パートナープログラムの仕組み

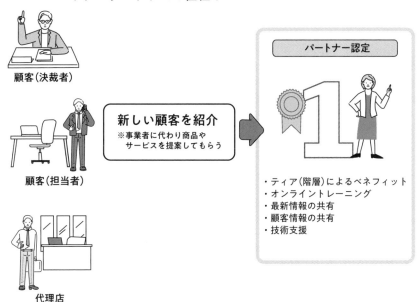

顧客（決裁者）

顧客（担当者）

代理店

新しい顧客を紹介
※事業者に代わり商品や
サービスを提案してもらう

パートナー認定

・ティア（階層）によるベネフィット
・オンライントレーニング
・最新情報の共有
・顧客情報の共有
・技術支援

　私たちも自社開発商品である invy のパートナープログラムを用意しています（図78）。

　ティアとは階層のことで、同じ「階層」という意味の言葉でもレイヤーは同じ幅の層が積み重なっているイメージですが、ティアは裾野が拡がるイメージです。

　invy ではパートナーを紹介パートナーと認定パートナーの2つに分けています。ざっくりいえば、紹介パートナーは広告代理店や EC システ

ムや CRM サービスを展開している企業、認定パートナーは制作会社や
マーケティング会社をイメージしています。また invy 自体が、この両
方のパートナーをサポートできるようにつくられています。図 78 に示
したような違いはありますが、専用のドキュメント、最新事例やドキュ
メントのダウンロードサイト、Slack（チームコミュニケーションツールの 1
つ）によるコミュニティ、およびパートナーアワードによる表彰などは
共通しています。同時に既存顧客へのリファラルプログラムにも積極的
に取り組んでいます。

[図78] invy のパートナープログラム

	特　徴	対　象	ティア条件
紹介パートナー	案件のご紹介・ご提案 invy: ご提案・プログラム設計 運用改善等をご支援	・さまざまなお客様に広く拡販 ・担当クライアントのポケットシェア拡大・関係構築	・特になし
認定パートナー	提案・導入／プログラム運用改善までを一貫して実施。 invy：支援なし	・企画提案・分析コンサルティングまで自社内完結	・導入実績過去2社以上 ・リファラル研修の受験(適宜)

　パートナープログラムで重要なのが、パートナーとなる企業が接点を
持つクライアント企業に対して「いかに簡単かつわかりやすい形で自社
のサービスを紹介・提案しやすくするか」です。**クライアント企業に対
して自社サービスのパートナー企業を通じた出会い方をデザインする**こ
とがパートナープログラムのポイントとなります。

パートナープログラムの「三方良し」

　リファラルプログラムのあらゆるタイプで「三方良し」が実現されて
います。パートナープログラムの三方良しはどのような形でしょうか。

三方良しは、事業者、パートナーと顧客の間で成立しています。事業者側の大きなメリットは、顧客との初期接点づくりをパートナー企業が担うことによる**顧客獲得コストの低減**です。パートナーにとっては、提供商材の拡大による**収益増と紹介による既存顧客との関係強化**です。顧客にとっては、パートナーからもたらされる**信頼性の高い情報の獲得**や、パートナーによる**手厚い導入サポート**、パートナー経由限定だからこそ得られる**価格メリット**です（図79）。

[図79] パートナープログラムの「三方良し」

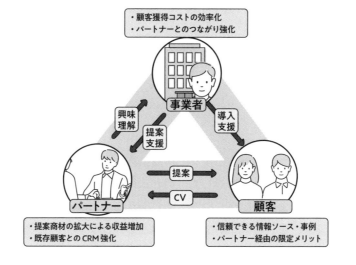

パートナープログラムがあることで
事業効率が上がる

　私たちの経験からいえば、自社開発プロダクトを販売するために広告やSEOを実施しているわけですが、こうした施策で問い合わせが来る

企業のうち、エンドユーザーとなるのは半数程度です。残りは自社の顧客に私たちのプロダクト（invy）を提供したいので卸してほしいという企業、つまりパートナー候補なのです。

そうなると販売条件（仕切など）やサポート内容などを詰めてから契約ということになります。これが1社や2社なら大した労力ではないのですが、数が増えてくると交渉や契約だけでものすごい労力です。また今すぐにでも売りたいという相手を待たせることにもなってしまいます。

パートナープログラムを用意しておけば、こうした労力を低減することができます。条件やサポート内容はプログラムの中から選んでもらえばいいのです。また条件はオープンになっているので、公平感もあります。また**パートナープログラムがあることで相手の安心感や信頼感につながり、パートナーの熱心さも大きく変わってきます。**

さらにインセンティブやティアを設けることで、パートナーのモチベーションが高まります。そのために実績把握の仕組みが必要になります。これは紹介営業やスタッフ×OMOと同様です。

既存顧客と第三者の両方がパートナーになり得る

パートナーとなり得る企業は、2パターンあると考えられます。1つは既存顧客で、もう1つはそうではない第三者です。

例えばinvyの例ですと、既存顧客である広告代理店が、自分たちのビジネスでかかわっている他の顧客を連れてきてくれます。これは既存顧客がパートナーになるパターンです。この場合、顧客企業の決裁者や担当者、またはオーナーが新規顧客を紹介してくれます。紹介する主な理由は、ユーザーが増えればサービス品質が高まることを期待できる、というものです。

第三者の場合は、**代理店や制作会社・開発会社**がほとんどです。紹介してくれる理由は商材が増えることによる収益増大と自社の既存サービ

スの拡充、既存顧客との関係性の向上です（図80）。

[図80] パートナーになり得る企業は 2 パターンある

	既存顧客がパートナー	第三者がパートナー
パートナー対象	・利用企業の担当者 ・利用企業の決裁者 ・オーナーなど	・代理店・制作会社 ・EC カートシステムやプラットフォーマー ・卸売業者
パートナーになる目的	・利用企業増加にともなうサービス品質アップ ・紹介による既存契約に対する割引などのメリット	・自社提供サービスのバリューアップ ・カスタマーサクセスとして提供 ・自社リストへのサービス提供による売上向上 ・顧客との関係性アップ

既存顧客をパートナー化するメリット

　代理店や開発会社に対するパートナープログラムはいくらでもありますが、既存顧客に対するパートナープログラムについては、もしかしたらその発想がなかったという人もいるかもしれません。

　しかし BtoC におけるリファラルプログラムのことを思えば、BtoB における顧客企業のパートナー化はごく自然なものだとも感じます。形態としてはアンバサダー式に似ているといえるでしょう。

　顧客企業にパートナーになってもらうためには、商品に対する満足度が高いことが必要条件になります。逆にいえば、満足度の高い顧客が紹介してくれるということであり、これは**ゲスト企業に対する大きな説得力となります。**

　既存顧客のパートナー化には大きく 2 段階があります。最初の段階は、導入事例や「お客様の声」への協力を依頼するというものです。この段階でとどまる顧客も多いのですが、この段階を経て、最終段階としてそ

の既存顧客の取引先、あるいはグループ企業への紹介依頼に至ることが期待できるのです。

事例ページからコンバージョンしたら インセンティブを支払う

　事例やお客様の声の取材に応じてもらった顧客企業には、何らかの謝礼をするべきです。接待＋ギフト券が一般的で、これはこれで既存顧客との関係強化に役立ちます。しかしながらリファラルマーケティングの一環ということであれば、それらしいインセンティブを考えたいところです。

　私たちが実際に行っている例でいえば、このようなやり方もあります。事例記事ごとに閲覧したユーザーを特定できる URL を設置。事例記事を読んで問い合わせをくれたユーザーに対して、**事例で取り上げられている顧客企業からの特別な招待状（メールやメッセージ）**が送られるようにしておくのです。そしてその招待状から何らかのコンバージョンが発生したら、その内容に応じて顧客企業にもインセンティブを支払うのです（図81）。

[図81] **インタビュー記事を使ったインセンティブの仕組み例**

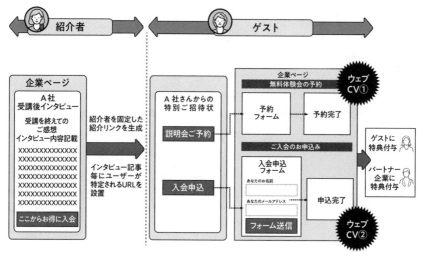

インセンティブ自体が取材協力のモチベーションになりますが、イ
ンセンティブが積み重なれば、将来性のある商品だということで、次の顧
客紹介の段階に進む企業が出てくることもあります。

リファラルプログラムを使って
上長を紹介してもらう

　事業者側からすれば、既存顧客の担当者との関係性が構築できたら、
次は決裁者である上長との関係をつくりたいと望むのが普通です。しか
しなかなか上長に会わせてくれない担当者もいるでしょう。リファラル
プログラムを使えば会えるようになるかもしれません。

　方法は簡単です。担当者向けに**決裁者向け資料や決裁者向けイベント
の紹介告知**を送付すればいいのです。担当者が商品に満足しているので
あれば、紹介してもらえる可能性が高いでしょう。資料のダウンロード
フォームやイベントの申し込みフォームから決裁者の情報が取得できる
ので、メールや電話などで直接アクセスできるようになります（図82）。

[図82] 上長との関係づくりを目的としたリファラルプログラム例

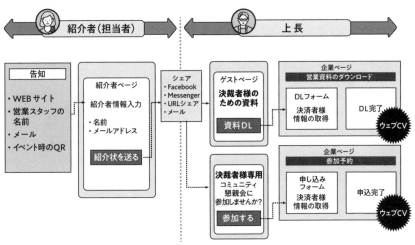

紹介が紹介を呼ぶマッチングサービス

　世の中には**ビジネス・リファラル組織**というものがあります。これは一種のマッチングサービスで、会員同士が互いに自社のビジネスを紹介し、興味があれば問い合わせるというものです。

　海外では、1985年にアイヴァン・マイズナー博士が創立したBNIという組織が有名です。日本ではオンリーストーリーが提供する「チラCEO」という決裁者マッチングサービスがあります。これは6,000人（2022年6月時点）の決裁者が登録しているマッチングサービスで、登録会員に対して、毎日条件の合う別の決裁者を紹介するというものです。この中に決裁者が他の決裁者をマッチングサービスへ紹介するというプログラムがあり、これにより登録会員数を増やしています。中には1カ月で12名を紹介したという人もいました。

1
9
1

第三者に対するパートナー関係管理（PRM）

　既存顧客とのパートナープログラムに続いて、第三者に対するプログラムも見ていきましょう。
　第三者のパートナーに対しては、**PRM（Partner Relationship Management）**を実施することが有効です。パートナー企業全体でその商品を担当する営業パーソンが1,000人いたとしても、実際にアクティブに動いている営業パーソンはせいぜい1％、10人ぐらいだといわれています。裏を返せば、99％が伸びしろということで、そこを伸ばせば高い確率で収益が向上することになります。

　PRMの主な施策は、**情報共有と案件支援**の2つです。
　情報共有の主な内容は、勉強会の実施、コンテンツページの作成、提

案窓口の設置、定期メール（メッセージ）の送信、代理店コミュニティの結成などになります。双方向の情報共有を中心とした、**まだアクティブでないパートナーの活性化促進**が狙いです。

　案件支援は、案件状況を可視化することで、**それぞれの営業案件で最適なアクションを取れるようにする**ことです。案件状況を可視化するだけでは一種の締め付けと捉える人も出てきますので、可視化で得られた情報を、正当な行動評価（パートナーアワード制度やランク付け評価等）に結びつけることが肝心です。

第三者パートナーの求めるメリットとは？

　第三者パートナーを集めるには、彼らにメリットを提供しなければならないのはいうまでもありません。では第三者パートナーが求めているメリットは何でしょうか。大きく2つあります。

　1つは、**自社のサービス提案幅の拡大**です。有望と思われる他社製品を自分たちの商品に加えることで、顧客の要望に対してより広く応えられるようになります。

　もう1つは、ティアターゲット達成による**ベネフィット（利益）の獲得**です。パートナープログラムには、プラチナ、ゴールド、シルバー、ブロンズといった下に行くほど数が増えていく階層（ティア）があるのが普通です。これはパートナーのスキルレベルや過去の紹介実績・売上実績でポジションが決まるものです。ティアが上がるほど紹介や販売の目標が高くなる分、事業者からのサポートも目標達成時のベネフィットも大きくなります。各ティアでの目標をティアターゲットといい、それを達成したときのベネフィットも第三者パートナーにとっては魅力があるということです。

　ここで改めて、パートナープログラムに参加するメリットを具体的に見ていきましょう。4つあります。

1つ目は、**事業者から案件を紹介してもらえる**ことがあるということです。事業者が元請けになり、パートナーはその下請け（協力会社）としてプロジェクトに参画するという商流になるのが一般的ですが、ソリューションの内容によってはすべて任されるケースもあります。また事業者の承認が必要になりますが、リファラルプログラムの商品とは無関係の案件では、発注元を自社の顧客にできる可能性もあります。

　2つ目は、**事業者からの特別な情報やノウハウの供与**です。パートナー向けのトレーニングを受けたり、最新アセット（営業資料や事例資料など）へのアクセスが可能になったりします。製品ロードマップも共有できるため、数年先までを見据えた提案が可能になります。

　3つ目は、**技術とビジネスの両面で事業者から特別なサポートが受けられること**です。ティアが高い場合には、事業者側から専任営業が付くこともあります。共同案件の場合には、事業者側が自費で制作した顧客事例コンテンツを共有することもできます。

　4つ目は、**パートナーコミュニティに参加できること**です。パートナーが増えると、パートナーコミュニティを結成する事業者がほとんどです。パートナー側はコミュニティに参加することで、他のパートナーと情報交換ができますし、協業に発展することもあります。事業者側が用意する特別なイベントに参加することもできます。事業者側から見ると、このようなコミュニティを結成し、さまざまなメリットを提供することでパートナーの離脱を防ぐ効果が期待できます。

　このようなメリットはティアが高くなるほど大きくなります。パートナー側の熱意や体力にもよりますが、パートナー側ではより高いティアを目指すモチベーションが働きます。またある程度以上のティアになると**「認定パートナー」**のお墨付きが与えられることが多く、顧客企業からの高い信頼感を得ることができます。

法人・個人の両方でリファラルプログラムを適用している事例

　ある料亭では、提供している食材を個人および法人の両方に販売しています。法人は高級飲食店がほとんどで、その店では「当店で料亭の食材を使用」と顧客にアピールできるわけです。またその飲食店でも顧客に同じ食材を販売することができます。

　このような商流になっていることから、この料亭ではさらに食材の販売量を増やすべく、飲食店経営者向けに2種類のパートナープログラムを検討しています（図83）。

　1つは他の飲食店経営者向けのリファラルプログラムです。紹介された飲食店は特別価格で食材を購入することができ、紹介者からの購入があれば、紹介した飲食店に特典が進呈されます。

　もう1つは、来店客向けのリファラルプログラムです。店内にQRコード付きのパンフレットを置いてもらい、来店客による紹介を促進します。来店客から注文が入れば、紹介した飲食店に特典が進呈されます。

［図83］**法人・個人の両方で適用するリファラルプログラムの例**（料亭の場合）

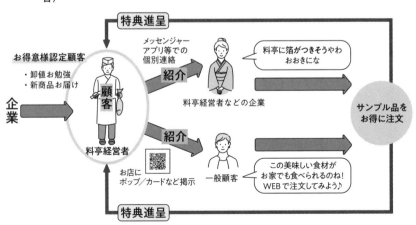

パートナープログラムのプロセスとKPI設定

　紹介営業やスタッフ×OMOと同様、パートナーの目標や活動を管理し、実績を評価することも必要です。とはいえ自社の営業パーソンや店舗スタッフと違い、直接労務管理ができるわけではありませんし、プロセスを細かく評価することも難しいので、KPIを慎重かつ十分に設定する必要があります。

　以下に一般的によく使われるKPIについて、それを設定するタイミング順に見ていきましょう。

　パートナープログラムの一般的なプロセスは図の通りです（図84）。

　最初に①戦略ありきなのは、どのビジネスプロセスも同じです。なぜパートナープログラムを実施するのかという目的を定め、誰が誰に対して紹介をするのか、どうやって進めるかを決め、それらに基づいて成果目標と概算予算を算出します。そして戦略に基づき、パートナープログラムを進める②体制を準備します。

　体制ができあがれば③パートナー開拓のフェーズに入ります。ここでのKPIは、**新規パートナー開拓数**やパートナーからの**問い合わせ件数**、**新規パートナー契約数**などになります。

　パートナーがある程度開拓できれば、次は④パートナー育成のフェーズになります。ここでのKPIは、**パートナー向け勉強会開催数**、**パートナー向け勉強会参加者数**、**販促コンテンツ提供数**および**営業との面談数**などになります。

　続いて⑤パートナー営業支援のフェーズに入ります。ここでのKPIは**営業同行数**や**案件創出数**となります。

　キャンペーンであればその中間地点や終了時、継続的なプログラムであれば月次、四半期ごとなどの定期的なタイミングで⑥傾向分析をします。このときのKPIは**受注数**や**解約率**となります。

パートナー営業支援や傾向分析のフェーズでは、パートナーの行動や貢献度を可視化する指標もモニタリングします。行動を可視化する指標としては、直近アクション、メール反応率、提案ステータスなどがあります。また貢献度を可視化する指標としては、提案数、案件確度、CVR（コンバージョン率）、提案進捗率、売上金額、SQL送客率（紹介から商談にまで進んだ案件の割合）などがあります。

［図84］パートナープログラムのプロセスと KPI 設定

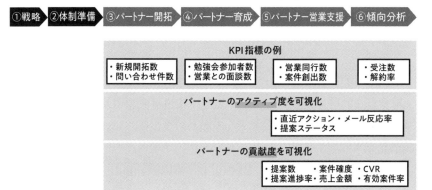

成果が出ていないときのサポート方針

　パートナー側の成果が出ていないときは、これらの指標のいくつかが目標を下回っていることがほとんどです。指標別に目標を下回っているときの対策を述べます。

【指標別のパートナーに成果が出ていないときの対策】

・パートナーからの問い合わせ件数

　専用の問い合わせページを設置します。あるいは問い合わせページの内容を見直します。

・新規パートナー開拓数

　パートナー候補リストへのアプローチや展示会などのイベント、既存

パートナー経由の開拓等で増加を狙います。

・新規パートナー契約数

パートナーが契約しやすい制度づくりを行います。

・パートナー向け勉強会開催数

開催数を増やします。集客できずに開催数が増えていないのであれば、パートナーターゲットに合った内容かどうか見直しします。

・パートナー向け勉強会参加者数

参加者が増えるような魅力的な勉強会をパートナーの意見に基づいて企画します。

・販促コンテンツ提供数

数を増やすのはもちろん、内容も使いやすい販促資料（動画など）を提供します。

・営業との面談数

事業者から積極的に働きかけて、定期的なコミュニケーション機会を設けてもらいます（例えば週次営業会議への参加など）。

・営業同席数

可能な限りパートナーの営業に同席し、営業成果を伸ばすための支援をします。

パートナーを理解し正当な評価を行うために

パートナープログラムのメリットは**拡散性**（自社の商材を営業してくれる人数が増える）にありますが、同時に**パートナー独自の視点で新規顧客にアプローチしてもらえる**点もメリットです。

したがって事業者側でもパートナーの特性や事業内容、サービス内容をよく理解し、顧客に伝えるべきメッセージを共同で考えながら、関係を深めていくことがとても重要です。

そしてパートナーの行動と実績の見える化も大切です。見える化することで、成果が出ているかどうかの把握とサポートを行い、パートナー

の正当な評価につなげましょう。

［番外編］ステークホルダーが多い組織の
リファラルプログラム

　これはパートナープログラムに限りませんが、ステークホルダー（利害関係者）が多い組織はリファラルプログラム活用の幅が広がります。このような顧客基盤とステークホルダーとの関係性を念頭に置くと、例えばスポーツチームはステークホルダーの中に選手スタッフだけでなくスポンサー企業やサポーター会員組織が存在しており、とても多くの人にアプローチができる枠組みを有しているといえます（図85）。

　大阪のあるサッカーチームで確認したところ、サポーターが3万人、スポンサー企業も数万人もおり、合計で5万〜10万人程度の接点があることがわかりました。さらにその家族・お友達を紹介対象とした場合、少なくとも10万〜100万人単位でリーチできる可能性があります。例えばスポンサー企業の商材をサポーター集団へ、さらにはその家族・友人まで紹介で広げるという施策を回すこともできます。

　ここで重要なのは、**ステークホルダー間の関係性をデザインすること**です。それぞれの立場を踏まえた上でリファラルプログラムを用意すれば、それぞれがWin-Winとなる仕組みができるため、ブランディングを含めた新たなスポンサー獲得の施策として、リファラルを活用できるのではないかと考えられます。

パートナープログラムのレポートサンプルを見る≫
https://s.creativehope.co.jp/invy/partner-report/download

［図85］ スポーツチームでのリファラルプログラム活用

● スポーツチームは多方面にステークホルダーが存在する

会員組織・来場者	選手・スタッフ スクール／サブビジネススタッフ	スポンサー企業
100〜10万人	50〜100人	50〜1万人
✕	✕	✕
友人・家族 3〜100人	友人・家族 3〜100人	友人・家族 3〜100人

● ステークホルダーの関係性を考慮したリファラルプログラムが効果的

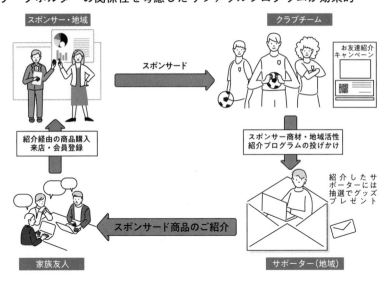

スポンサー・地域

クラブチーム

お友達紹介
キャンペーン

スポンサード

紹介経由の商品購入
来店・会員登録

スポンサー商材・地域活性
紹介プログラムの投げかけ

紹介したサ
ポーターに
は抽選でグッズプレゼント

スポンサード商品のご紹介

家族友人

サポーター（地域）

リファラルプログラムの
設計と運用

ここまでにリファラルが重要になってきた背景、リファラルをデザインする上で最重要となる3つのポイント（独自性・愛着の育成・魅力的な演出）、および実際に行われている6つのプログラムタイプ（インセンティブ式、アンバサダー式、ギフト式、紹介営業、スタッフ×OMO、パートナープログラム）について説明してきました。

　第4部では、より良いリファラルプログラムのつくり方とその運用の仕方について具体的に説明していきます（図86）。

[図86] リファラルキャンバスをベースとしたプログラムの設計と運用

ターゲット設計	・プログラムの目的は？ ・紹介はいつ、誰から誰に起こりそうか？ ・どういう方針でコミュニケーションするか？
紹介フロー設計	・顧客体験的にスムーズな導線か？ ・業務フロー的に実現可能か？
成果計測設計	・成果計測の方法は？ ・データとして取得すべき内容は何か？
コミュニケーション設計	・ターゲットに伝えるべき特徴は何か ・キャッチコピーやイメージは？
告知設計	・どのタッチポイントで誰に告知するか？
特典設計	・ターゲットにはどんな特典が響くか？
効果シミュレーション	・プログラムによってどれくらいの収益効果が望めるか？
プログラム計画	・どのようにキャンペーンを変更していくか
プログラム運用	・どのようなポイントで改善していくべきか

　なおこれらの項目は、アレックス・オスターワルダー氏とイヴ・ピニュール教授（スイス・ローザンヌ大学）によって2010年に発表された「ビジネスモデルキャンバス（BMC）」を参考にして私たちが考案した「リファラルキャンバス」を基にして導き出したものです（図87）。

［図87］ リファラルキャンバス

紹介者 INVITER 紹介する顧客は誰か？	行動 ACTION 評価するCVポイントは？	価値 VALUE 共有したいポイントは？	特典 INCENTIVES 顧客を後押しする特典は？
被紹介者 GUEST 紹介してほしい顧客は誰か？	指標 METRICS どのように評価するか？	優位性 ADVANTAGE 他社との差別ポイント	告知方法 CHANNEL プログラムの届け方
収益 REVENUE リファラル経由での成果		コスト COST 集客にかけられるコスト	

リファラルプログラム設計資料をダウンロード≫
https://s.creativehope.co.jp/invy/campaign-design/download

第 13 章

ターゲット設計

ターゲット設計は「STP」をベースに考える

　マーケティングの基本中の基本として、マーケター志望者が最初に習うのが、**STP**（セグメンテーション、ターゲティング、ポジショニング）、**3C**（市場・顧客、競合、自社）、**4P**（製品、価格、流通チャネル、販促）の3つだといわれています。ウェブマーケティングやデジタルマーケティングの進展でさまざまな修正や追加が行われており、「時代遅れ」と評する人もいますが、現在でもマーケティング戦略および方針・計画を立案する上でベースとなる考え方です。

　本章のターゲット設計とは、**「STPをきっちりとやりましょう」**ということです。マーケティングの基本ができている方にとってはほとんどが既知のことかもしれませんが、リファラルに特化した観点もありますので、お付き合い願えればと思います。

　リファラルマーケティングにおいても、その他のマーケティングと同じで、成果を上げる秘訣はどれだけターゲティングの精度を高めるかにかかっています。

　STPそれぞれの要素で考えることは以下の通りです（図88）。

・セグメンテーション
　年代・エリア・会員区分・ステージなどを MECE に分ける
　　　　　　　　　　　　　　　　　　　　ミーシー
・ターゲティング
　各ターゲットにどういったニーズや接触するタイミングがあるのかを
　整理する
・ポジショニング
　定めたターゲットに対してコミュニケーションの方針を明確にする

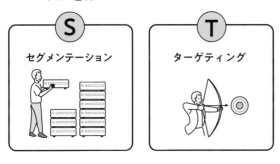

S セグメンテーション

T ターゲティング

P ポジショニング

以下、リファラルプログラムの設計における STP の流れを見ていきましょう。

6Rでターゲットとする市場を具体的にする

STP を考える上で、まずリファラルプログラムでターゲットとする市場を明確にしなければなりません。その際に利用する 6 つの指標があります、具体的には、Realistic scale（有効な規模）、Rank（優先順位）、Rate of growth（成長率）、Rival（競合）、Reach（到達可能性）、Response（測定可能性）で、まとめて **6R** と呼ばれています（図 89）。

6R を使用する場合には、個々の指標にあまりとらわれず、6 つの観点をバランス良く見ることが大切といわれます。例えば市場規模が大きくても成長率が低ければ、今後先細りしていく市場だと考えられ、長期的な利益はあまり望めないかもしれません。一方規模は小さいですが、ライバルが少なければ安定したシェアを獲得でき、紹介も発生しやすい可能性があります。リファラルプログラムで狙い目の市場だといえます。

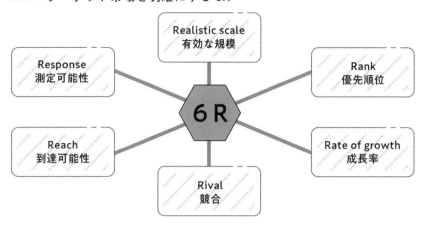

［図89］ ターゲット市場を明確にする 6R

Realistic scale
有効な規模

Response
測定可能性

Rank
優先順位

6R

Reach
到達可能性

Rate of growth
成長率

Rival
競合

このように、**市場をデータやファクトに基づいて 6R の観点で分析し、目指す市場を決定すること**が STP の手始めの作業になります。私たちの支援経験からも 6R 分析の精度が高く、適切な市場を選択できている会社ほど、リファラルプログラムの成功確率が高い傾向があると考えられます。

市場をMECE（ミーシー）にセグメント化する

リファラルプログラムを仕掛ける市場が決まったら、次にやることはその市場をセグメントに分けること（セグメンテーション）です。リファラルプログラムで失敗する（費用対効果が出ない）原因として多いのが、市場全体にプログラムを仕掛けることです。やはりランクの高い顧客が多数存在する、紹介が発生しやすいセグメントを狙わないと費用対効果が大きくなりません。そのようなターゲットが見えるようなセグメンテーションが必要となるわけです。

例えば店舗と EC の両方で扱っている商品ならば、ターゲットの店舗および EC の購入経験有無で分けることができます。これは、「店舗経験も EC 経験も両方ともあり」、「店舗経験はあるが EC 経験なし」、「店舗経験はないが EC 経験あり」、「店舗経験も EC 経験も両方ともなし」の 4 つに分けられます（図 90）。

　このような分類をしてから、「店舗経験があって店舗サービスの良さを知っている人」を紹介者とし、「店舗または EC のどちらかしか経験していない、あるいは両方とも経験していない人」をゲストにしようと決めていくわけです。ちなみに<mark>リファラルマーケティングの場合、ターゲットには紹介者とゲストの 2 つがあること</mark>を忘れてはいけません。

［図90］ **ターゲットのセグメンテーション例**（店舗と EC）

		EC購入	
		経験あり	経験なし
店頭購入	経験あり	紹介者	紹介者 or ゲスト
	経験なし	紹介者 or ゲスト	ゲスト 今回のターゲット

　セグメンテーションの際に重要なことは、市場を **MECE（ミーシー）** に分けるということです。MECE とは、"Mutually Exclusive and Collectively Exhaustive" の略で、日本語にすると **「漏れなく、重複なく」** （英語の順番とは逆ですが）となります。経験あり／経験なしは必ずどちらかに分類されますので、MECE な分類といえます。また先ほどの 4 分割、「店舗経験も EC 経験も両方ともあり」、「店舗経験はあるが EC 経験なし」、「店舗経験はないが EC 経験あり」、「店舗経験も EC 経験も両

方ともなし」も MECE になっています。

　もう 1 つ重要なことは、成果測定ができること。つまり実績データを持っていて、今後も実績データが取れることです。言い換えると、**自社CRM で把握できる区分である**ということです。先ほどの例でいえば、EC のデータは CRM 上にあるが店舗のデータは各店舗でバラバラに管理していて、管理項目も違うような場合は適切なセグメントとはいえません。まずは EC と共通の店舗用 CRM を先に構築する必要があります。

ターゲットニーズと特徴を整理する

　データを把握可能かつ MECE なセグメンテーションを行い、そこから適切なターゲットが選択できたなら、次はそのターゲットのニーズと特徴を整理します。その目的は**告知メッセージや告知タイミングの方針を決める**ことにあります。

　一例として、自動車教習場のターゲットニーズを整理したときに作成した表を示します（図 91）。

　ターゲットによって免許を取りたい動機や取りたい免許の種類が違うことがわかります。また 1 年中ニーズがあるように見える自動車教習場ですが、ターゲットによっては明らかな季節性があることも見えてきました。

　このような表を見れば、誰にいつどんなメッセージを送ればいいかある程度想像がつきますし、相手やタイミングを間違って送ることも未然に防げます。

[図91] ターゲットニーズと特徴を整理（例：自動車教習所の場合）

ターゲット	動機	ターゲットに多い性別	告知メッセージ	季節	免許の種類
ファミリー／夫婦	結婚	男性	身の回りのカップル応援企画	6月、11〜12月	普通免許
	育休	女性	ママさんデビューをお祝いしよう！	特になし	普通免許
	引っ越し作業	男性	引越し祝いキャンペーン	社会人：4〜6月ファミリー：9〜11月	大型免許
	引っ越し後	男性			普通免許
社会人	就職活動	両方	転職活動応援キャンペーン	特になしor特殊免許オンシーズン？	普通免許or特殊免許
	転職先	男性？	（職種に応じた内容）	特殊免許オンシーズン？	特殊免許？
友人／カップル	趣味友達	両方	バイクに乗って一緒にキャンプに行こう！	春〜秋　行楽シーズン	二輪免許
	恋人	女性		春〜秋　行楽シーズン	二輪免許

コミュニケーションの目的・方針を決める

　ターゲットと送るタイミングが決まったら、リファラルで発生するコミュニケーションで実現したいことは何かを整理しておくといいでしょう。例えば次のようなことです。

・**ゴールを達成した先に、ビジネスはどう変わっているのか？**

・**ターゲットとなる顧客に何をどう伝えたいのか？**

・**社内にどのような意識を育みたいのか？**

　典型的な目的としては、「デジタル化による紹介フローの簡便化で、顧客・現場・本部の三方良しを実現する。顧客に対しては顧客体験の改善を、現場に対しては紹介における負担の軽減を、本部にとってはデータの蓄積およびその活用のための基盤づくりをそれぞれゴールとする」といったものが考えられます。

　まずこうした目的を認識した上で、自社らしいコミュニケーションの方針は何かを考えます。

　例えばスウェーデンの輸入住宅専門ハウスメーカーであるスウェーデ

ンハウスなら「北欧の暮らしに憧れる顧客層が増えることでスウェーデンハウスへの注文が増えるということだから、まずは北欧の暮らしの良さを伝えるようなリファラルプログラムにすべきだ」という方針になるでしょう。

　また音楽制作ツールを販売している企業なら、音質の違いがわかる顧客を増やすことが先決かもしれません。ならば、圧倒的な音質体験とはどんなことなのかを紹介することから始めるべきでしょう。

　既にリファラルプログラムによる実績はあるのだが、社員の負担が大きく、他の業務に悪い影響が出ているということならば、顧客とのコミュニケーション以前に社内フローを改善して、社員の負担を可能な限り低減することが最優先でしょう。

　大切なことは、**目的と方針を明文化することで、そこからブレないプログラム推進をする**ということです。

本当に紹介が発生しそうかチェックする

　ターゲット、タイミング、コミュニケーションの目的・方針が決まったら、ターゲット設計の締めくくりとして、簡単なフローを描いてみて、本当に紹介が発生しそうかをチェックしましょう。

　紹介者役とゲスト役に別れて実際に会話し、流れが滞りそうな箇所を改善しながら図のようなフローにまとめていきます（図92）。チェックしてイメージが固まったら、その成果物を基に紹介フローを設計していけばいいはずです。どうしても紹介の発生をイメージできなければ、その案は非現実的なので廃案にし、次の案を検討することになります。

［図92］紹介フローの設計例

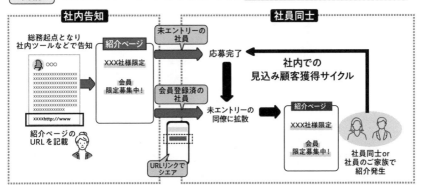

間柄　例）社内コミュニケーションに特化：まずは特定法人内でのエントリー数を増やす

プログラムを実施することで
新たなターゲットが見つかることも

　リファラルプログラム設計は、まずターゲットを決めることから始まるわけですが、プログラムを実施することで新たなターゲットが見つかり、紹介の輪がどんどん広がっていくことがあります。

　ある大手ヨガスタジオでは、初期は会員のほとんどを占める主婦同士のリファラルプログラムを実施していました。その後、家族向けのリファラルプログラムを実施したところ、当初は母親や娘への紹介を期待していたわけですが、ふたを開けると夫への紹介が多いことが判明。この結果が男性やシニア向けのプログラムへとつながっていきました。

　また社員専用のリファラルプログラムを実施したところ、紹介が社内カルチャー化し、紹介営業やスタッフ×OMOといったプログラムタイプへと発展していきました（図93）。

　最初に決めたターゲットに固執するのではなく、**リファラルプログラムの実践を振り返って、ターゲットやプログラムタイプを拡大していく**ことが大切なのです。

［図93］新たなターゲットが見つかったケース（ジム系スタジオ）

夫婦・家族同士の紹介が発生	社員専用紹介プログラムの実地
↓	↓
シニアや男性など従来のプロモーションでアプローチできない層が入会	紹介が「社員カルチャー」に
↓	↓

LINE活用で**年間1万人以上**の紹介経由見込顧客が発生。

第 14 章

紹介フロー設計

リファラルプログラムのフロー設計は OIDEAS（おいでやす）

ターゲットが決まり、それぞれに対するコミュニケーションの方針も決まりました。次はこれらを基にリファラルプログラムのフローを設計します。

リファラルプログラムのフローを考えるにあたって、私たちが提唱しているのが **OIDEAS（おいでやす）** というフレームワークです（図94）。

最初のOは **Offer** で、告知のオファー、すなわちプログラムを認知してもらうことです。2番目のIは **Interest** で、愛着・興味の向上、すなわち告知した相手が実際に紹介をしてくれるように働きかけることです。3番目のDは **Direct** で、紹介誘発、すなわち紹介者からゲストへ実際に紹介が発生することです。4番目のEは **Encourage & Empathy** で、後押し・共感、すなわちゲストに対して意思決定するように働きかけることです。5番目のAは **Action** で、行動、すなわちゲストの意思決定およびそれを結果として記録することです。最後のSは **Send Gift** で、特典の付与となります。

もっと細かく分けて考えてもいいのですが、少なくともこの6ステップぐらいに分けて考えることが必要だと考えます。

［図94］ OIDEAS（おいでやす）とは

	Offer 告知オファー	Interest 愛着・興味UP	Direct 紹介誘発	Encourage & Empathy 後押し・共感	Action 行動	Send Gift 特典付与
紹介者	プログラムへの参加 →		紹介			
ゲスト			紹介からの意思決定 →			
現場						特典の付与
事業者	プログラムの認知				紹介の成果データ記録	

各ステップの関与者を洗い出し、検討ポイントを確認

　図 94 は OIDEAS フレームワークを紹介するものです。ここからは、実際に OIDEAS を使ったフロー設計について順を追ってご説明していきます。

　まず行うべきは、各ステップの関与者の洗い出しと、それぞれのステップで検討すべきポイントの確認です（図 95）。

　例えば「Offer：告知オファー」であれば、関与者はプログラムタイプごとに変わります。基本として事業者と紹介者が関与し、紹介営業やスタッフ × OMO などの場合はさらに現場も関連してきます。関与者が明確になれば、次は誰が誰にいつどのような経路でどのような内容を告知するかを確認します。こうした手順で OIDEAS におけるすべてのステップを検討していくわけです。

［図95］ **OIDEAS 各ステップにおける検討ポイント**

	Offer 告知オファー	Interest 愛着・興味UP	Direct 紹介誘発	Encourage & Empathy 後押し・共感	Action 行動	Send Gift 特典付与
紹介者	誰が誰にいつどのような経路でどのような内容を告知するか？	誰に何を伝えて何をしてほしいのか？ それをすることにどんなメリットがあるのか？	紹介者からゲストへの後押し共感を生み出してほしいことは？		今することにどんなメリットがあるのか？ 何をしたら成果とみなすか？	どんな特典が魅力的か？ どのように受け渡すか？
ゲスト				ゲストに伝えるべきことはどんな内容か？		
現場						
企業						

必要なコンテンツを洗い出す

　次に行うべきことは、OIDEAS のフレームワークを使って、各ステップで必要なコンテンツを洗い出すことです（図 96）。

リファラルプログラムは用意すべきコンテンツの種類が多く複雑であることが特徴です。 これは通常のマーケティングよりも紹介者が介在する分、関与者が多いからです。したがって慣れていない事業者では、用意すべきコンテンツの漏れが多くなります。それを防ぐためにフレームワークを活用して、しっかりと洗い出しておくことが肝心なのです。

［図96］ **各ステップで必要なコンテンツを洗いだす**

	Offer 告知オファー	Interest 愛着・興味UP	Direct 紹介誘発	Encourage & Empathy 後押し・共感	Action 行動	Send Gift 特典付与
紹介者	・メール ・LINEからの告知 ・チラシ	・紹介者向けのページ	・ゲストと連絡を取れる仕組みは? ・おすすめメッセージ			・メール
ゲスト				・ゲスト向けサービス説明ページ ・サービス説明動画	・来店予約フォーム ・店舗で現場に見せるQR	・メール
現場事業者	・名刺 ・ポスター	・紹介誘導マニュアル		・店舗マニュアル	・QRを読み取る仕組み	・店舗マニュアル

無駄がないか検討する

既にリファラルプログラムを実施している事業者にありがちなのが、今までOIDEASのようなフレームワークを使ってプログラム設計を行ったことがないため、**随所に無駄がある**ということです。

そこで既にリファラルプログラムを実施している事業者では、まず現状のフローをOIDEAS上に表現してもらい、そこで発生している無駄を洗い出して、その無駄をなくすとどうなるかを考えてもらうようにしています。

図は「現状」と「あるべき姿」を並べたものですが、見比べるとフロ

ーがかなりシンプルになることがわかります（図97）。**無駄を省くことはすなわちコストが減ること**ですから、結果としてリファラルプログラムの費用対効果向上につながることになります。また現場を介するプログラムであれば、現場の負荷の削減に、ひいてはモチベーションの向上にもつながります。

　無駄を減らすためには、**現場の意見を聞く**ことも大切です。現場のフローを確認するのはもちろんのこと、オペレーション上で手間になっていることは何か、現場目線で見た懸念や改善点は何かを徹底的にヒアリングすることです。その際には、ただ面倒だと言われても改善にはつながらないので、現場とプログラムの目的や告知の重要性についてしっかり共有しておくことが肝となります。さらに現場にメリットがなければモチベーションは上がらないので、プログラムの成果とスタッフ評価の関係性についてもしっかり説明し、それに対する不満や改善提案には耳を傾けることも必要です。

　これは既にリファラルプログラムを実施している事業者だけでなく、初めて実施する事業者も同様です。現状のフローがないので、それに対するヒアリングはできませんが、それ以外についてはプログラム設計時から現場と共有し、**協力を取り付けることが、現場の参加意識醸成につながります。**紹介フローを早い段階で現場に見せて話をするのは、意見を聞くことも目的なのですが、それだけでなく「こういうプログラムをやるよ」と現場に告知する目的もあるのです。

[図97] OIDEAS 上に現状を表現すると無駄が見えてくる

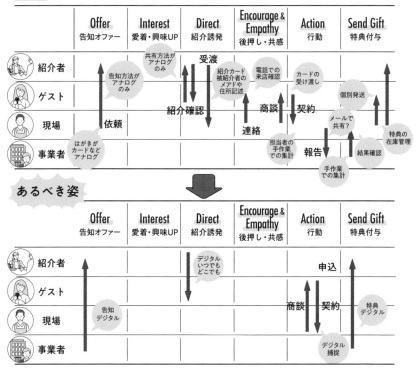

実施すべき内容を洗い出す

　あるべき紹介フローが決定したら、次はそれぞれのステップで実施すべき内容や紹介者やゲストに伝えるべき内容を洗い出します。

　図にサンプルを載せますので、これを参考に検討してみてください（図98）。

各ステップの実施内容を具体化する

	Offer 告知オファー	Interest 愛着・興味UP	Direct 紹介誘発	Encourage & Empathy 後押し・共感	Action 行動	Send Gift 特典付与
紹介者	・満足度が高そうなポイントでの告知 ・定期的なプログラムの告知による存在価値	・サービスアンケートと連動させる	・おすすめメッセージの内容を決める	・紹介経由で得られるポイントの整理 ・よくある顧客のおすすめポイントを明示		・紹介者にたくさん紹介してもらいやすい特典 ・すぐ使える特典
ゲスト			・ゲストが理解しやすいコンテンツの用意	・紹介経由での特別プラン提案 ・一押し・今だけのポイントを明確化	・ゲストが初回行動を取りやすい成果地点や商品提案 ・不安に感じるポイントを明確にする	・ゲストに定着化してもらいたいので2回目の利用を誘発したい
現場	・営業トーク内での紹介誘導 ・名刺にQRコード	・最近の話題や満足エピソードを紹介する ・一押しポイントを明確化させる		・紹介経由で来店した方への接客の仕方を決める	・紹介経由ならではの限定感・メリットをおすすめ ・紹介者エピソードなどの共有	・他のキャンペーンとの兼ね合いの場合のルールを明確化させる
事業者	・営業スタッフへの紹介認知を図るための勉強会を実施	・企業の強みを明確化させる・共有する		・紹介経由での来店を現場に認知させる	・より成果につながりやすい商品設計 ・LTV・ROIを踏まえた割引設定	・特典管理がよりデジタルで簡単にできる方法を考える ・紹介者とゲストにどうやって特典を渡すか

フローを図式化する

　ここまでOIDEASフレームワークを使って、関与者、検討ポイント、必要コンテンツ、実施内容を洗い出してきました。成果物はいずれも表でしたが、バラバラの表のままでは実際の流れがわかりにくいので、最終的にはこれまでの成果物を1枚のフロー図に統合します。

　図にまとめ方の例を挙げましたが、フォーマットは自由です（図99）。ポイントとしては、**社内の誰が何をして、何を伝えるか、それによって紹介者やゲストがどういう行動を取るか、そこが成果ポイントになるかが時系列でわかること**です。

［図99］ フローのまとめ方例

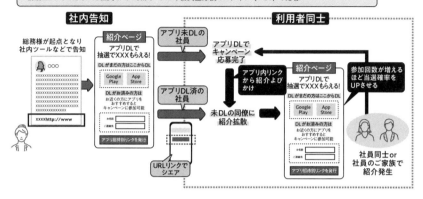

またフロー図を見た社内の関与者が実施事項のあらましを理解できる
粒度（詳しさ）で表現されていることも大切です。リファラルプログラ
ムの実施時には、基本的にこのフローを見て皆が動くことになります。
したがって、複雑で難解なフロー図では意味がありません。関与者全員
が見て理解できるように、必要な情報を盛り込みつつも簡潔な表現をこ
ころがけましょう。

　全員が正しい行動を取れるレベルの詳しさで表現する。言うのは簡単
ですが、実際には難しいことだと思います。ただ、リファラルマーケテ
ィングを成功させるには、設計の段階からレベルの高いフロー図を目指
すのが理想です。関与者を巻き込んで、何回もレビューすれば精度を高
めることが可能です。そして、ときにはキャンペーンを運用しながらレ
ビューを重ねることに意味があります。このレビューが**関与者の参加意
識を高めることにもつながる**からです。

第 **15** 章

成果計測設計

紹介管理に必要なデータを洗い出す

　紹介フローを設計することで、紹介者やゲストとのタッチポイントがわかります。今度はそれぞれのポイントでどのようなデータを取得しておくかを考えておきましょう。

　まずやるべきことは**紹介管理に必要なデータを洗い出す**ことです。手順としては、特典付与はどうするかを考え、そのために取得すべき紹介者やゲストの個人情報を決定。それらをどのタイミングで取得するか、というステップで考えます。

　図にサンプルを示しますので、参考にしてください（図100）。

　これらの情報は成果を集計するために使われるデータであり、これらがなければ成果管理ができません。特典付与の方法によっても変わってきます。メールならメールアドレス、LINEなら LINE ID、郵送なら住所が必要となりますが、これら全部を取得するとなると現場の負荷も顧客の負荷も大きくなります。したがって**必須情報と任意情報を分けて、できるだけ必須情報を減らす**ように考えなければなりません。

　また最終的に顧客（紹介者およびゲスト）を一元的に管理するには、これらのデータのどれかを ID にするよりも、別の体系で顧客 ID を付与するほうが確実です。一般的には必ずユニーク（唯一無二）になる性質があるメールアドレスを ID とされていますが、1人で複数のメールアドレスを持つ人もいますし、あまりおすすめはできません。

　さらに LINE などメッセンジャーアプリの普及により、**最近では必ずしも全員がメールアドレスを持っているとはいえない**のです。または逆にメールアドレスは持っていても LINE ID を持っていない人もいます。

[図100] 紹介管理に必要なデータを洗い出す

| | | 紹介者 | | ゲスト | | | |
		紹介ページ	紹介	ゲストページ	会員登録	カート	来店計測
紹介者情報	名前	○	○				
	メールアドレス	○	○				
	会員番号	○	○				
	電話番号	○	○				
	住所	○	○				
	CVポイント		○	○	○	○	○
ゲスト情報	名前				○		○
	メールアドレス				○	○	○
	会員番号				○	○	○
	電話番号				○		○
	住所				○		○
	CVポイント				○	○	○
	購入番号					○	
	購入商品					○	
	購入金額					○	
店舗・スタッフ情報	店舗名						○
	スタッフ名						○
	備考メニュー						○
	不正チェック						○

したがって、**独自のIDを自動的に付与して、顧客をユニークに管理するシステム**が成果計測には欠かせません。そのようなツールの導入もこのタイミングで検討しておくべきでしょう。

リファラルプログラムの成果計測方法を考える

リファラルプログラムの成果を集計するためのデータをいつどうやって取得するかを考えました。次は成果を計測するためのデータ集計方法を検討します。

まずは計測方法を考えます。計測方法は現場スタッフの手間にならないよう、できるだけ自動化できないかを考えることが大切です。また集計する側の本部スタッフの手間にならないことも同時に考える必要があります。つまりできるだけ**デジタル化する方向で考える**ということです。

　図は計測までの流れと計測方法の一例です（図101）。店舗における紙を利用した紹介は、まだまだ完全になくすことはできないかもしれません。対応策としてはスマホを活用する方法に誘導したり、紹介カードにQRコードを印刷し、できるだけ入力の手間を省くようにしたりというように極力デジタル化する工夫をしましょう。

［図101］**計測までの流れと計測方法の例**

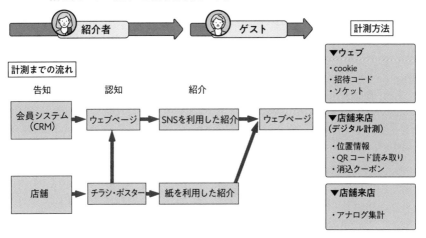

　計測方法とその利用対象、およびメリット・デメリットを図にまとめました。参考にしてください（図102）。

	計測方法	利用対象	メリット	デメリット
ウェブでの計測	CookieとJSタグ	・同ブラウザで完結できる場合	・実践コストは安い ・やり方によっては個人情報の取得を不要にすることが可能	・ブラウザーのクッキーの仕様に影響を受ける（ITP対応が必要）
	招待コード	・メールを挟む認証 ・アプリDL ・LINEやTwitterなどプラットフォームを挟む場合 ・予約システムなどASPサービス	・実装コストは安い	・招待コードを1つのシステム内で完結する形にしないと複数のデータで名寄せが必要になる ・運用上の手間が発生
	会員システム式	・他社プラットフォームを利用して成果・特典の受け渡しをする	・自社の仕組みなどとの連携や開発が不要	・他社に顧客情報を受け渡す必要がある
	ソケット通知	・サーバサイドからステータスをAPI経由で成果確認 例）アプリインストール後のアクティベーションなど	・クッキー等に依存しない（ITP考慮の必要がない）成果通知するのがサーバーなので成果承認するIPアドレスが特定できる（※不正対策しやすい）	・実装コストが高い。（※導入先にエンジニアがいないと導入困難）
店舗での計測	位置情報	・位置情報に伴う来店承認	・スタッフによる作業の手間がない	・実来店しなくても、近所でもCV計測ができてしまう ・店舗ごとの情報を設定する必要あり
	QRコード読み取り	・店舗スタッフによるQRコード読み取り	・スタッフによるコミュニケーションを挟むため接客が可能	・スタッフによる手間が発生する
	招待コード	・店舗でQRから受付フォームへ遷移	・顧客完結の仕組みにすることが可能	・フォームURLが拡散すると不正が発生する可能性
	パスワードによる消込	・店舗スタッフによるパスワード承認	・QRコード読み取りと組み合わせることで精度は上げることが可能	・定期的にパスワードを変更する必要がある ・スタッフによる手間が発生する

計測タグとCookieを利用する場合

　計測タグ（そのページの利用回数などを調べるためにページ内に埋め込んでいるHTMLコード）とCookieを利用して計測する場合には、図のようなフローになります（図103）。

　以下、要点を説明します。

【計測タグにCookieを利用する場合のフロー】

①紹介者が招待状をゲストに向けて発信したタイミングで、紹介者情報を取得し、データベースに登録します。

②ゲストが紹介者から送られてきた告知からゲストページを開くと、紹介者とゲストを紐付ける情報がデータベースに登録されます。同時にCookie にゲストのユーザー識別情報を格納します。

③ゲストページに埋め込んである計測タグは Cookie を読み取り、同じゲストが何らかのコンバージョンを実施したら、コンバージョンを成果としてデータベースに登録します。

　こうして、紹介者・ゲスト・成果の３つの情報が**1つのトランザクション（取引結果）として登録される**ことになります。

［図103］計測タグと Cookie を利用する場合のフロー

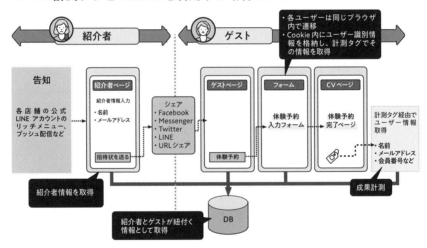

　営業や店舗スタッフ、あるいはパートナーが関与する場合は、紹介者情報を取得した段階で彼らと紹介者を紐付ける情報が取得されるようにしておきます。

　ただし、**Cookie を利用し複数ドメインにまたがるコンバージョン計測を完璧に行うことは今ではかなり困難**になっています。Apple がSafari に **ITP**（Intelligent Tracking Prevention）というトラッキング防止機能（ユーザーの遷移情報を受け渡すトラッキングは Cookie による成果計測には必須要

件です）を搭載しており、iPhone や iPad など Safari をデフォルトのブラウザにしている機器では基本的に Cookie と計測タグによるトラッキングができなくなっているからです。

ITP は、**リターゲティング（あるいはリマーケティング）広告**へのユーザーの不信感を解消するために Apple が独自に搭載している機能です。

あるサイトを一度訪れると、遷移先のサイトでも次々と同じ広告が表示されて辟易(へきえき)した。あなたもそんなことがあるのではないでしょうか。これがリターゲティング広告です。その表示には Cookie が利用されており、Apple はドメインが変わると Cookie をクリアする（Cookie の付与はブラウザ内で行われます）ことでリターゲティング広告を防止しているのです（ただし Cookie の元来の使用目的は、一連のページ遷移に関連性を持たせることにあるので、単純に消去しているわけではありません。ITP にはバージョンがあり、少しずつ消去の仕方が高度化しています）。

ITP の本来の目的はリターゲティング広告の防止なのですが、**Cookie が消去されることで複数ドメインをまたぐコンバージョン計測は、Safari では不可能になっています。**世界的にも、そして日本では格別シェアの高い iPhone で、Cookie を利用したコンバージョン計測がドメインをまたぐとほぼできないということなので事態は深刻です。別の手段を考えることが必要となっています。

Cookie を利用する場合は、リファラルプログラムに参加してもらう際に Safari 以外の別のブラウザを使ってもらうという手がまず考えられます。また Safari には ITP を解除する設定が可能で（「ITP 解除」という）、それをお願いする手もあります。しかしゲストの手間が増えて紹介のハードルが高くなるだけなので、リファラルマーケティングにおいては現実的な手段とはいえません。

個人情報保護法の改正内容と
対応策を正しく理解しよう

　Cookie を利用する場合には、個人情報保護法の改正内容と対応策を正しく理解しましょう。

　2020 年の**個人情報保護法改正**で、デジタルマーケティングにおいて重要な概念と**ルール**が追加されました。「個人関連情報」の新設とそれに伴うルール変更です。

　これにより、提供元では個人データに該当しないものの、提供先において個人データとなることが想定される情報を第三者に提供する際には、**原則として提供先が本人同意を取得し、提供元では同意が得られていることの確認が義務付けされた**のです。

　リファラルプログラムにおいて個人情報を取得する場合、データの取得元は自社になるため、それだけでは上記の対象とはなりません。しかし、**取得したデータを第三者に提供する場合は注意が必要**です。

　取得した個人情報を第三者に提供する可能性がある場合には、例えば図のような Cookie の使用に関する同意を取るための表示が必要です（図104）。

［図104］ Cookie の使用に関する同意を求めるメッセージ例

> このプログラムでは、紹介者とお友達の特定にクッキーを使用しております。プログラムにご参加いただく場合は、クッキーの使用に同意するものとします。
> **同意しない場合はこちら**

　このような表示は、あくまで紹介者の情報やゲストの個人情報を取得し、それを第三者に対して提供する必要がある場合のみ使用します。利用があくまで自社内に限られているのであれば、現状、特に表示義務はありません。

招待コードを使った招待プログラム

　Cookie ではなく、**招待コードを使えば確実にトラッキングが可能**です。ドメインをまたいでもコンバージョンを計測することができます。そもそも 1 ユーザーのアクションにおいてメールや LINE、Twitter など別のツールを挟む場合、ITP がないブラウザも Cookie によるトラッキングができません。そのため招待コード（どの招待かを特定するコード）を紹介メール等に埋め込んでおき、それに基づいて成果計測する方法が以前から存在しているのです（図 105）。

[図105] 招待コードを使った場合のフロー

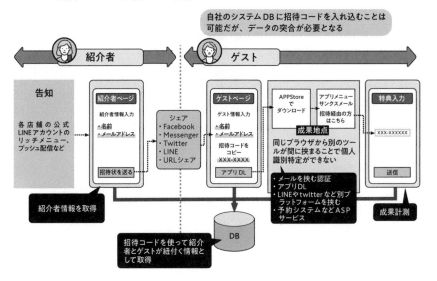

　こうした方法があるにもかかわらず Cookie が利用されてきたのは、仕組みを簡単につくれるというメリットがあるからです。招待コードの場合、複数のデータベースに招待コードが存在し、招待コードを介したデータの突き合わせが必要になるケースがあります。工数がひと手間増える形になるのです。今は手間を省いて成果計測が一元的にできるツー

ルがあります。招待コードを利用する場合はそのようなツールの導入を
おすすめします。

SaaSを利用している場合は注意が必要

　最近は自社のオンプレミス環境にソフトウェアを導入するのではなく、
SaaS（Software as a Service）を利用する会社が多いでしょう。予約システ
ムや EC、MA（Marketing Automation）などは SaaS のほうが主流になって
いる観があります（ちなみに SaaS の場合、成果計測をするにはオプション契約
を必要とする場合が多いので、これから導入する場合は確認されることをおすすめ
します）。SaaS は自社開発を省いたスピーディな導入にメリットがあり
ますが、その分仕様に一定の制約が存在します。該当の SaaS の仕組み
を用いて適切なトラッキングができるかどうか、事前に確認しておいた
ほうがいいでしょう。

　また会員登録などでは、**メールや SMS を介在する承認フローが一般
的**になっています。この場合も Cookie によるトラッキングはできない
ので、共通コードなどを介してトラッキングを継続する必要があります。

　一例として、他社の会員登録システムを利用したリファラルプログラ
ムのフローを載せておきます（図106）。

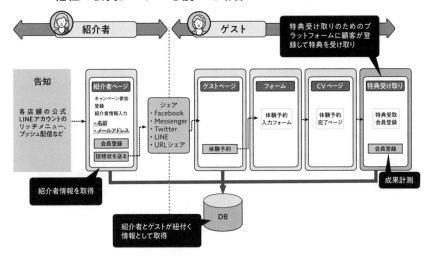

［図106］他社の会員システムを使った場合のフロー

ソケット式を使ったリファラルプログラム

ソケットとは、ネットワーク上で名前付与やアドレス指定が可能なポイントのことです。細かい説明を省くと、ソケット式とは、トラッキングを可能にするアプリケーションを用意して、ゲストページからそのアプリケーションを呼び出すことで、トラッキングを継続する方式を指します（図107）。

これはシステム構築にコストがかかる分、**最もセキュリティーが高い方式**になります。紹介のインセンティブが高価な場合などに、不正防止を目的として採用されることがあります。

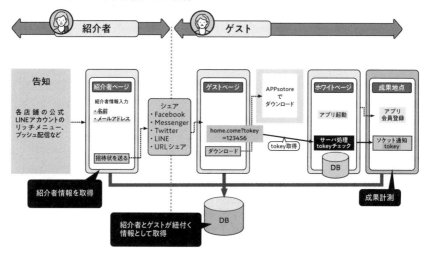

［図107］ ソケット式を使った場合のフロー

個人情報を取得しない計測方法

　最近では個人情報の取り扱いが厳しくなり、ユーザーが個人情報をあまり出したくないだけではなく、事業者側もできるだけ個人情報を他社に提供したくないと考えるようになりました。また管理が大変で流出したときのダメージも大きいため、個人情報をできるだけ持ちたくないという事業者も増えています。

　そこで**LINEと連携することで、ユーザは紹介にあたってLINE IDのみを開示し、企業側がLINE IDをもとに個人を特定する**という方法を採用する企業が増えています（図108）。

　紹介者やゲストがLINEを利用していることが前提にはなりますが、どちらもリファラルプログラム内で個人情報を入力する手間がなくなり、**紹介や契約などへのハードルを下げることができます。**また決済や特典付与もLINEのプラットフォーム上で行えるため、事業者側の仕組み構築も簡便になります。

さらにリファラルツール側でも LINE と連携できるものを採用すれば、成果計測も簡単になります。

［図108］LINE と連携する場合のフロー

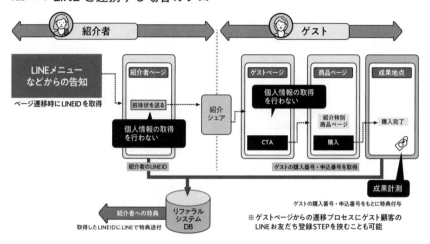

SFAツールやMAツールとの連携

リファラルマーケティングは、invy のようなリファラルに特化したツール（リファラルツール）を利用することで、成果計測や運営管理が容易になります。それとは別の観点で、SFA や MA と連携できないかという問い合わせを受けることがよくあります。既に導入しているツールと連携することで、リファラルプログラムの運用が便利にならないかという話です。

SFA や MA と連携する最大のメリットは、リファラルプログラムにおける**紹介者の手間を省き、紹介のハードルを下げることができる**ことだと考えられます。すでに SFA や MA に登録されている顧客情報を流用すればいいのです。

マーケティングの観点からは「どのようなページに訪問しているか、

訪問頻度はどれぐらいか」といったことがわかるので、ロイヤリティの高い顧客に対して重点的な施策を行うなど、**精度の高いプログラム設計が可能**になります。

来店計測にはQRコードをフル活用しよう

　リアル店舗での来店計測には QR コードを活用するのが便利です。

　まずウェブのゲストページにゲスト専用の QR コードを発行する画面を作成します。ゲストには来店時に、その QR コードが入った画面をスマホなどで表示してもらうようにします。この方法は、イベント会場などスタッフが動き回る現場での計測におすすめです。その QR コードを読み取ることで、ゲストが紹介を受けて来店したこと＝コンバージョンの計測を行うのです。

　この方法だと自社のスタッフによる確認を通して計測ができるため、データ内容などの確実性が担保されやすくなります。スタッフの手を使う方法なので、カウンターや窓口で契約時の手続きなどが発生するサービスにおすすめです。

　さらに店舗スタッフの手を一切煩わせない方法としては、**招待コードを送付する方法**があります。これは無人レジなどから店舗側の QR コードをゲストのスマホで読み取ってもらいます。すると招待コードを入力する画面がスマホに表示されるので、そこから入力してもらえば特典が付与されると同時に来店計測が完了するという方法です（図 109）。

　店舗スタッフが多忙な場合には、ゲストを待たせなくて済む有効な方法です。いちいち店舗スタッフを呼び止めるのに遠慮があったり、面倒だと思ったりする人もいるので、ゲストにも歓迎されるでしょう。

［図109］ 招待コードを用いた来店計測

また紹介カードなどアナログな紹介に対しても、QRコードを使えば**「店舗側で紹介者が誰なのかわからない」という事態を防止できます。**

　QRコードを使う方法は以下の通りです。まず店頭でゲストがQRコードを読み取ります。読み取り先のゲストページから、紹介者に対するメッセージを送ってもらいます。そしてメッセージを受け取った紹介者が情報を入力することで、特典を受け取れるようにします（図110）。つまり紹介者→ゲスト、ではなく、ゲスト→紹介者、という順番で計測をするということです。

［図110］ アナログな紹介でも QR コードを活用

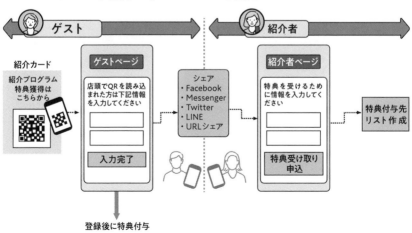

複数パターンの紹介フローを1つの
特典付与先リストへ統合すると効率的

　最近増えている要望は、ウェブやSNSによる友人への紹介といった代表的なパターンの他、家族紹介やオフライン紹介など、あらゆるパターンを統合管理したいというものです。

　その場合はそれぞれのフローを考えた上で、最終的に**特典付与先リストを作成する方法が最も効率的**です。あらゆるフローにも対応できますし、成果測定の際も特典付与先リストだけを見れば一目瞭然です（図111）。

[図111] 複数パターンに対応する場合は特典付与先リストに統合する

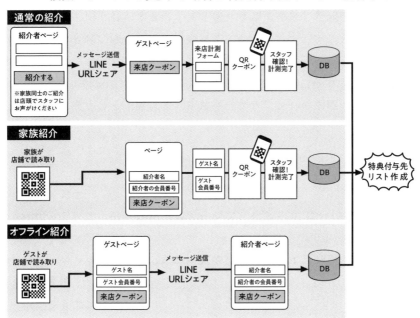

第 **16** 章

コミュニケーション設計

コミュニケーション設計とは?

コミュニケーション設計とは何をすることでしょうか。それは、第14章で示したOIDEAS（おいでやす）上のあらゆるタッチポイントで、どのようなコミュニケーションを取るかを明確にすることだといえます（OIDEAS（おいでやす）については、216ページ、第14章「リファラルプログラムのフロー設計はOIDEAS（おいでやす）」を参照）。

その際に気をつけることは、**コミュニケーションが重複せず、スムーズに流れていくようにする**ことです。同じことをいろいろなところで指示されると、紹介者もゲストも「またか?」という気持ちになり、面倒になってフローから離脱していきます。つまりコンバージョン率が下がってしまうわけです。

あるいはフローが長いと途中でどんどん離脱していき、やはりコンバージョン率が下がります。「紹介フロー設計」（第14章）の中でも検討しましたが、無駄をできるだけ省いて、シンプルで短いフローになるようにするのがいいのです。ページの遷移数はもちろん、ランディングページ内も長く説明するほど離脱していきますから、できるだけ狙いを絞った短い説明になるようにします（図112）。

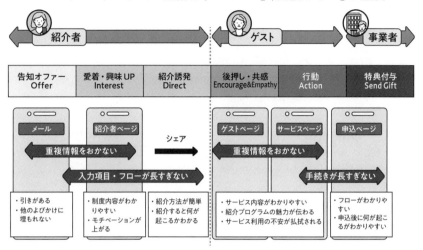

[図112] コミュニケーション設計は「スムーズ」「重複しない」が重要

告知の投げかけ方を考える

　では OIDEAS の O（告知オファー）から順番に見ていきましょう。

　リファラルコミュニケーションの中で最も重要なのは、告知オファーの投げかけ方だといっても過言ではありません。ここでつまずくと、後でいくらいいコンテンツを用意していても水の泡です。キャンペーン方針（誰に何をどうやって伝えるか）やターゲットのタイプ（マッチョ型、世話焼き型など）によって、適切な投げかけ方を検討しなければなりません。

　典型的な告知パターンとしては、「感謝の気持ちを伝える」「やる気を高める」「権威やプライドを刺激する」「複数人への紹介を促す」などでしょうか。単独でもいいですし、複数を組み合わせてもいいでしょう（図113）。

Motivation
やる気を高める
- Passionate 情熱で訴えかける
- Sympathize 共感する人は協力して！
- Contribute 広めることが社会貢献になる
- Wanted こんな人探してます
- Offer オトクだよ
- Certificate 認定する
- Check 楽しい診断コンテンツをシェア
- Gift 友達にプレゼントしよう

Thank you
お礼の気持ちを伝える
- Thankful 感謝の気持ちを伝えよう
- Satisfied 満足度を確認する
- Ask 使い始めの状況・感想を聞く

Privilege
権威・プライドを刺激する
- Limited あなただけ今だけ限定
- Join us みんなやってるよ
- Brand-new まだみんな使ってないよ
- Luxury/only one 権威があるよ
- Genuine ほんとにいいものだよ
- No Left もうなくなるぞ、売り切れる
- No way こういうことはやめておいたほうがいい

Next Action
複数人紹介を促す
- Several times 何人でも紹介して良いよ
- Target/Objectives 何人を目指しているよ

2
4
2

紹介者LPに来てもらわないと話にならない

　繰り返しになりますが、OIDEAS の O（告知オファー）でのつまずきは致命的です。まずは紹介 LP（ランディングページ）に来てもらわないことには話にならないのです。

　店頭の場合は目立つチラシやポップ、ポスター等に紹介者 LP へリンクする QR コードを印刷しましょう。ウェブのバナー広告なら、少ない文字量でわかりやすく訴求しましょう。

　コツは情報を書きすぎず、「引き」（そちらに行ってみたいと思わせる引力）をつくることです。

顧客の印象に残る仕掛け

　単なる紹介告知以外でも紹介を促す仕掛けはつくれます。少し変わったコミュニケーションを取り入れて、**顧客の心に残りやすくする**ことが肝心です。

　例えば以下のような仕掛けが考えられます。

・応募プログラムの完了ページに「**プログラムを紹介して当選確率アップ！**」といった呼びかけを入れる

・紹介のきっかけとして、**診断コンテンツや占いコンテンツ**などのシェアしたくなるコンテンツを用意する（図114）

・Twitter に公式アカウントを作り、**キャラの立つ「中の人」**が紹介告知をする

・顧客満足度調査の結果で**満足度の高い人にだけ、お礼とともに紹介告知を行う**（98 ページ、第 5 章「顧客満足度調査から紹介に誘導する」を参照）

［図114］**心に残る仕掛け例**（シェアしたくなるコンテンツ）

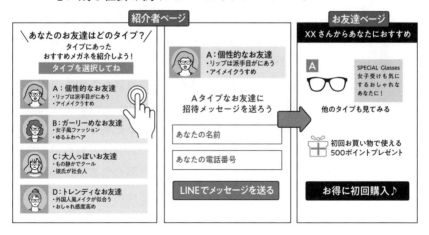

愛着・興味が上がる紹介者LPにする

　続いて OIDEAS の I（愛着・興味の向上）です。ここからは、紹介 LP の話になります。

　紹介 LP の必須情報は、特典内容、応募方法、応募ボタンとなります。これらの 1 つでも欠けると、紹介 LP にはなり得ません。ここに紹介者の情報を取得するための応募フォームが加わることが多いのです。

　これらに加えて、紹介してほしいターゲット、紹介するメリット、商品のメリット等、紹介者の愛着や興味を上げる要素を適宜追加するのがおすすめです（このことは第 1 章、第 5 章の中で詳しく論じています）。

若年層は要点のみ、年配層は詳しい説明を求める

　ターゲットによって LP の情報量を変えることも重要です。例えば若年層と年配層では LP に求められる情報量が違います（図 115）。

　若年層は要点だけを求めます。いつまでに何をしてほしいのか、それをすればどのような良いことがあるのか。「早い話、どういうことなの？」という情報があれば十分で、それ以上は逆に煩わしく感じるものです。

　一方、中年層、年配層になると、最初にポイントを示すのは同じですが、その後に細かい注釈を入れたり、どんな人に紹介してほしいかを具体的に書いたりすることが必要になってきます。詳しい説明や具体的な紹介相手を書くことで、紹介することに対するハードルが下がり、安心して紹介してもらえるのです。

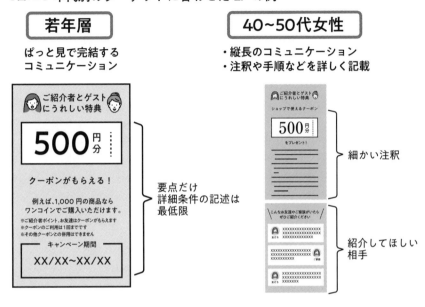

顧客ニーズと自社メリットが重なり、
他社メリットが重ならない部分に価値がある

　何度も繰り返しますが、**紹介はハードルが高いもの**です。紹介する価値のあるもの、本当に勧めたい愛着のあるものでないとなかなか紹介してもらえません。これも第1章で説明済みですが、特典があるから紹介するという人は、こと優良顧客においてはそれほど多くないのです。

　紹介をお願いするにあたって、まず明確にすべきことは、①なぜ今そのサービス・商材を利用すべきなのか？　②その中で自社を選ぶべき理由は何なのか？　③顧客が特に評価しているポイントはどこなのか？の3点です。

　これらを自社視点ではなく、顧客視点で説明できなければなりません。ただ顧客自身は意外とこれらのことに気づいていないのです（だからこそ、紹介告知で改めて認識することで商品や事業者への愛着が湧くのです）。

したがって事業者が顧客にアンケートを取ったり、インタビューしたりしながら、これらを見つけ出す必要があります。自分たちだけで独りよがりに考えても見つかりません。あくまでも顧客の立場に立って、顧客に寄り添いながら、顧客の声に耳を傾けたり、顧客の行動を観察したりして見つかるものなのです。

以上は「顧客の求めるものと自社が提供する強みとが重なる部分」になりますが、それだけでは足りません。もう1つ **「競合他社の強みと重ならないこと」** が重要です。この3つの条件を満たしている部分が、顧客に伝えるべき紹介ポイントとなります。

顧客視点の言葉選びで

自社視点ではなく、顧客視点でと述べました。視点とはモノを見る立場ということですが、言葉選びという点からも顧客視点（顧客目線）である必要があります。

紹介 LP では、商品の価値（メリット）を訴求することで、顧客の興味や愛着を高めると述べました。この価値とはあくまで顧客視点での価値ですから、それを伝える言葉も自社でよく使う専門用語や堅い言葉ではなく、ターゲットが使いそうな言葉や日常会話に使う言葉など親しみの湧く言葉で表現することが大切です。逆に BtoB の専門的な商品であれば、堅い言葉のほうがいいかもしれません。あくまでターゲットに合わせましょうということです。

あえて紹介者に商品の良さを書いてもらう

「顧客自身は商品の価値や良さを言語化しにくい傾向がある。だから事業者側で紹介メッセージを用意しよう」と述べました。それと矛盾するようですが、あえて紹介者に「おすすめメッセージ」を入力してもら

う手もあります（図116）。

　商品の魅力を説明しやすい商品に限られますが、**紹介者に考えて書いてもらうことで、商品の良さを再認識してもらい、愛着が上がる**ことを狙うわけです。

　さらに、これらの紹介メッセージを自社データとして記録する仕組みがあれば、どのような言葉で自社の商品が紹介されるかを把握し、紹介ターゲットの改善などに役立てることができます。

[図116] **紹介者におすすめメッセージを入力してもらう紹介ページのフォーム**

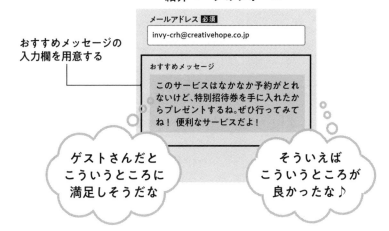

ターゲットにあった紹介ツールを選択する

　続いて OIDEAS の D（紹介誘発）を見ていきましょう。

　紹介ツールには、LINE、Instagram、Facebook などさまざまなものがあります。いつでも LINE が良いというわけではなく、**ターゲットの年齢や関係性などでツールを変更すると効果が高まる**可能性があります。

　図は主な紹介ツールが効果を発揮する年齢層、ゲストのターゲット、紹介シーンなどをまとめたものです（図117）。

[図117] **主な紹介ツール一覧**

	LINE	Messenger	Facebook	Twitter	リンク	QRコード	メール
年齢層	10-60代	20-40代	20-50代	10-40代	ALL	10-20代	30代以上
ターゲット	仲良し友達	ビジネス知人同士	ビジネス知人同士	オンライン友達不特定多数	―	インフルエンサー不特定多数知人同士	ビジネス
紹介シーン	1対1グループLINE	1対1	フィードストーリーズ	ツイート友達	SNSメッセージ社内ツールInstagramなど	Instagram	1対1
紹介の濃さ	◎	○	△	△	○	△	○
拡散度	△	△	○	◎	○	◎	△
カジュアル度	◎	○	○	◎	○	◎	△

　例えば LINE はスマホを使う年代層であればすべてに使えるツールですが、ゲストが紹介者の仲良し友達のときに効果があります。また不特定多数に拡散してほしい場合には Twitter や Instagram を活用します。

　要するに、いつも同じツールを使うのではなく、ツールの特性を理解した上で、リファラルプログラムの性質に合ったツールを選択しようということです。リファラルプログラムの性質を考える上では、紹介者の特性だけでなく、紹介者とゲストの関係性や紹介の濃さ（クローズドなコ

ミュニティ内の紹介か、軽めの拡散か）などが重要なポイントとなります。

紹介メッセージにOGPや動画リンクを付ける

　これは一般的なテクニックですが、紹介メッセージに表示されるゲストページの **OGP**（Open Graph Protocol、SNS 上にページタイトルや本文、画像、URL などの情報を表示させること）の画像をリッチにすることや**動画リンク**を付けることで、紹介時に伝える情報がより魅力的になり、紹介の促進につながります（図 118）。

［ 図118 ］ LINE の OGP 表示例

後押し・共感を生むコミュニケーションを
ゲストLPに入れる

　続いて、OIDEAS の E（後押し・共感）について見ていきましょう。ここからはゲスト用の LP の話になります。

　紹介によってランディングしたわけですから、例外はありますが、基本的にゲストにとって初めて見る事業者ページになるはずです。したがってまず必要なのは、不安を解消し、安心感や信頼感を持ってもらうことです。

　そのための方法は図に示すように多岐にわたりますが、よく使う手段としては、**紹介者の名前を動的に入れる**ことです。**挨拶コンテンツ**も基本的な手段で、最近では 1 分ぐらいの短い動画が使われます（1 分でも長

いという人もいますが）（図119）。

　安心、信頼、共感などを生むといっても、自分で検索してから訪れる一般商品のLPと違って、紹介によって入ってきたLPですので、長々とした説明はかえって邪魔になります。オファーがよくわかるシンプルなページで、次のステップにスムーズに進んでもらうようにつくることが肝心です。

　ただしどれほどの情報量が必要かは、ターゲットの年齢層などでも変わってきますので注意してください（244ページ、本章「若年層は要点のみ、年配層は詳しい説明を求める」を参照）。

［図119］ 後押し・共感を生むゲストLPのコンテンツ例

サービス説明は動画で

　LPをシンプルにするために、動画を活用する手があります。商品説明を動画にすれば、LPに長々と商品説明を書くよりもLPがコンパクトになります。

　ただ、動画をジッと見るのを好まない人も多いので、LPには簡潔に

商品説明を書き「詳しくは動画で」という形にするのがいいでしょう。

商品説明用動画の構成案を下図にまとめました（図120）。参考にしてください。

商品説明動画のサンプルを見る≫
https://s.creativehope.co.jp/invy/video/referralmarketing

［図120］ **商品説明動画の構成案**

構成案				
タイトル	**ひと押しメッセージ**	**ポイント解説①**	**ポイント解説②**	**ポイント解説③**
ロゴ or イメージ はじめまして invyスポーツです	私たちはこんな サービスです ポイント ポイント ポイント ① ② ③	ポイント①	ポイント②	ポイント③
紹介を通じて 実現したいこと	**ゲストに対して 提案したいこと**	**ゲストに対して 提案したいこと**	**特典説明**	**エンディング**
私たちがスポーツで 幸せな人生をサポート させていただきます	アプリ インストール ユーザメリットを解説	来場予約 ユーザメリットを解説	紹介プログラムを通じて XXXXXすると 特別にXXXXXX	ロゴ or イメージ メッセージ

FAQを活用する

信頼感や安心感を醸成する方法としては、**FAQ（よくある質問）**を活用する手もあります。ゲストからありそうな質問、よく不安に思われるような点をFAQ形式で記載しておくのです（図121）。

よくある質問

Q 【アウトレット】品とは何ですか？ ＋

Q 送料や手数料はかかりますか？ ＋

Q 注文した商品は最短でいつ届きますか？ ＋

何をしてほしいのかを明確にする

続いて OIDEAS の A（行動）です。こちらも引き続き、ゲスト LP の話です。

ゲスト LP にかかわらず、あらゆる LP を見ていて意外と多いのが**「訪問者に何をしてほしいのかがよくわからない LP」**。例えば、申し込みボタンがどこにあるのかよくわからないような LP を散見します。あるいは複数のアクションを要求する LP もありますが、できれば**アクションは1つに絞る**ほうが何をしてほしいかが明確なのでベターだといえます。ウェブで申し込んでほしいのか、来店してほしいのか、予約を取ってほしいのか……。やってほしいこと（ゴール）をはっきりと記載し、目立つボタンを設置しましょう（図122）。

［図122］ ゲストにゴールがわかるつくりが重要

WEBで申し込んでほしい　　**2段階の行動をとってほしい**　　**とにかく来店してほしい**

　ゲスト LP から次の画面に遷移してほしい場合でも同様です。いきなり自社のトップページに飛ばしては不親切ですし、コンバージョンポイントによってはまったく意味をなしません。会員登録ページ、「初めての方へ」ページ、おすすめ商品一覧ページなど、**次のアクションを促しやすい遷移先に移動する**ようにしましょう。

　行動に流れがある場合、例えば「このページで来店予約をして、紹介コードをコピーして、来店時に持参してください」といった一連の流れがあるのなら、それをわかりやすく伝えることも肝心です（図123）。

［図123］ 行動の流れをわかりやすく伝える

ゲストの手順欄に
クーポンコードのコピーや
QRコードの発行などステップがある場合
**使い方欄にコピーボタンや
発行ボタンを再度設置すると親切**

コンバージョンに至る過程で情報が
重複しないようにする

　これは本章の冒頭でも述べましたが、ゲストLPの**CTA**（Call To Action、行動喚起のためのバナー画像やボタンなど）から申し込みページまでの間で、極力、情報の重複がないようにフローを設計しなければなりません。

　設計の際には、伝えたい情報量によって画面遷移を考えます。ゲストLPに商品説明がシンプルに記載できるのであれば、ゲストLPのCTAから申し込みページに直接リンクすればいいだけです。これで情報の重複は発生しません。

　しかし商品説明をしっかりしたほうがいい場合や、訴求できる商材が複数あり特色が異なる場合であれば、いったん商品LPに飛ばし、そこから申し込みページに遷移するというフロー設計になります。この場合、情報の重複を避けるためにゲストLPに商品説明を長々と書かないようにしましょう（図124）。

［図124］ **CTA からコンバージョンまでの LP 設計例**

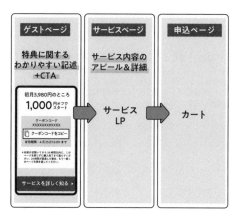

例1）CTA から LP に飛ばす場合
特典情報のみをファーストビューに簡潔に記載
➡ サービス内容はサービスLPで説明

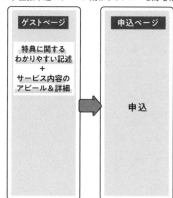

例2）CTAから直接申込ページ等へ誘導する場合
ゲストページにサービスの流れや料金体系を記載
➡ 直接申込フォームに飛ばしてフローを簡略化

特典を渡すタイミングで感謝の気持ちを伝える

　最後に OIDEAS の S（特典の付与）です。

　OIDEAS では最後のステップですが、ゲストとの今後の長期的なお付き合いはここが出発点となります。したがって特典を渡して終わりではなく、その際に感謝の気持ちを伝えることで、リピート購入はもちろん、今後の紹介にもつなげていかなければなりません。

　来店セレモニーや**手書きの感謝状**など、ゲストに喜んでもらえることを考えて実行し、今後紹介者になってもらえるような演出をしましょう（図 125）。

［図125］ 特典付与はゲストに喜んでもらえる演出を心掛ける

受付やご来店いただいたとき
手渡しで丁寧に感謝の気持ちをお伝えする際にもきちんと対面でありがとうの気持ちを伝える

URLで送信

メールでお礼の気持ちとともに
会うことが難しい場合でもメールで感謝の気持ちを。デジタルギフトなら「URLを送るだけ」で届くためとっても便利

同梱物にお手紙を添えて
特典を郵送する際には、手書きの感謝状などを添えて感謝の気持ちを伝える

　また当然ですが、こうした演出をするためには、紹介経由で来店したゲストであることをあらかじめスタッフが知っている必要があります。

　来店予約をコンバージョンとして計測することはもちろんのこと、いつ誰が誰からの紹介で何をしに来店するかが間違いなくスタッフに伝わるようにしておくことが重要です。

　特典をもらいに来たのに別の商品を紹介される。「○○様からのご紹介ですね。ありがとうございます。○○様にはいつもお世話になっております」といったあいさつもなく紹介で来たことに一切触れられなかった。そのような対応では、二度とゲストは来店してくれないかもしれません。

　初めが肝心なのと同様、終わりも肝心です。せっかくここまで到達したのに、最後の最後で台無しにならないよう、ゲストに「また利用したい」「紹介したい」と感じてもらえる対応を心掛けましょう。

第 **17** 章

告知設計

告知を正しく行っているかどうかで
プログラムの成功度は変わる

　これまでの話でおわかりの通り、告知はリファラルプログラムにおいて極めて重要なものだといえます。まずは紹介者に紹介告知をしない限り、紹介は発生しません。

　しかしやみくもに紹介告知をしても、紹介してもらえるわけではありません。「紹介告知をどんなタイミングで行うか」「どういう導線で紹介をしてもらうか」をしっかり考えることで、プログラムの成功度が大きく変わってくるのです。

　また店舗スタッフや営業スタッフなど現場スタッフに紹介告知を行ってもらう場合には「どうすれば告知をしてもらえるか」も考えなければなりません。プログラムの存在自体が周知されていなければもちろん、周知されていても多忙や遠慮などを理由に紹介告知を行わないスタッフがいることも考えられます（65ページ、第3章「紹介営業の成果は減少傾向？」を参照）。

　以上をまとめると、告知設計とは**紹介告知のタイミング**、**紹介までの導線**、紹介告知を現場スタッフに依頼する場合の**マネジメント**の仕方について考えることだといっていいでしょう。

ユーザーが紹介するタイミングは
購入して「すぐ」

　紹介告知を考える際に最も重要な事実は、登録、契約、購入などユーザーが**何らかのコンバージョンをした直後に最も告知の効果がある**ということです（49ページ、第2章「ユーザーは使ってすぐ紹介する」を参照）。買ってもらったばかり、会員登録をしてもらったばかりというタイミングでは、事業者側はとかく遠慮しがちですが、ユーザー視点で見れば、コ

ンバージョン直後が最も商品を気に入っているタイミング。ですから紹介を依頼されても了承しやすいのです（図126）。

[図126] **ユーザーが商品・サービスを紹介するタイミングは？**

Q あなたが「誰かに紹介したい！」と思う商品・サービスを1つ思い浮かべてください。その商品・サービスをどのタイミングで、誰に紹介したことがありますか？
※単一選択回答。回答数の「紹介タイミング」を基準に集計した結果

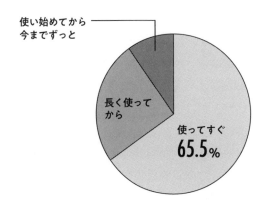

2020invy 調べ

したがってコンバージョン直後にリファラルプログラムがあることを告知し、そこから複数回の紹介をしてもらえるように働きかけることが重要なのです。

告知は「何度も」「いろいろなところ」で

紹介告知のメールを何度も送りつけられると、確かに紹介する気が失せるかもしれませんが、**キャンペーン開始時の1回だけメールを送るのでは、ほとんどの人が認知してくれません。**仮にそのメールでキャンペーンの存在を知ったとして、何日か経ってからふと紹介をしたいと思い付いても、そのメールを探しているうちに面倒になってしまう可能性が

高いでしょう。

　したがってあまりしつこい告知は避けるとしても、さまざまなタイミング、さまざまな場面で手を替え品を替え告知することが有効です。

【告知する場面の例】

・定期的に送付しているメルマガに告知を掲載する
・告知チラシを同梱物などとして郵送
・自社サイトのトップページにキャンペーン告知を掲載
・購入申し込み完了メールに告知ページの URL を記載

　特にマイページや LINE のリッチメニューに掲載するように「あそこに行けば紹介のやり方がわかる」という固定した場所を用意することは重要です。ふと思いついたときに紹介してもらえるからです。

　私たちの調査でも、キャンペーン開始時にメールを送っただけの会社と、何度もいろいろなところで継続的に告知している会社とでは、紹介件数が 5 倍も違うという実例がありました（図 127）。

［図127］告知場所・回数が少ない会社 A と告知場所・回数が多い会社 B
　　　　の紹介件数の比較

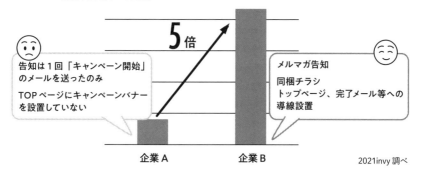

告知設計と顧客接点

　第2章で「6割以上のユーザーが何度も紹介する」という私たちの調査結果を紹介しました（49ページ、第2章「ユーザーは使ってすぐ紹介する」を参照）。また使い始めてすぐだと紹介してもらいやすい、さらに何度もいろいろなところで告知するほうが良いという事実を組み合わせると、**購入後の早い段階で何度もいろいろなところで告知するのが良い**ということになります（図128）。

[図128] **告知設計の重要ポイント**

①何度も告知する

1回きりの告知では、顧客の大多数がプログラムを認識しないまま。
単発の紹介成果しか上がらず、プログラムが不発に終わりがち

リファラルプログラムを告知（1回目）
当初は紹介件数もアップする

告知をしない状態が続くと……
顧客の大多数がプログラムを知らずに時間がたってしまい、紹介件数が伸びない。

②ユーザは何度も紹介する

紹介経験者の6割以上が同一商材を複数人に紹介している。

4回以上
1回
2〜3回

2020invy調べ

[設問]
あなたが「誰かに紹介したい！」と思う商品・サービスを1つ思い浮かべてください。
その商品・サービスを実際に何回紹介したことがありますか？

 早い段階で複数回の紹介を狙うことが重要

　購入直後に告知することに対して遠慮する事業者が多いのですが、実際には早いタイミングほど嫌がられません。タイミングを逸することなく、積極的に依頼することが肝心です。

ではどうやって紹介頻度や告知媒体を増やしていけばいいのでしょう。それにはまず**顧客接点（タッチポイント）をすべて洗い出す**ことです。

　そしてターゲットセグメントの特性を考慮しながら、数ある顧客接点の中でどこが紹介告知にふさわしいかを見極めつつ、できるだけ多くの顧客接点で紹介告知をするのです。

　アメリカの心理学者ロバート・ザイアンスが1968年にまとめた論文の中に「繰り返し接すると好意度や信頼感が高まる」という**ザイアンス効果（あるいは単純接触効果）**というものがあります。マーケティングやセールスの世界ではよく知られた法則ですが、紹介告知でも、この法則を利用しない手はありません。

　以下にECおよび店舗での顧客接点の例を表にまとめました。ぜひ活用してください（図129、図130）。

［図129］ECにおける顧客接点の例

	実行施策	ポイント
メール	購入完了時のメール	開封率が高い傾向にあり、顧客の関心度も高い
	購入後ステップメール	購入後、商品が手に届いたタイミングで声かけできる
	メルマガのフッター	メルマガの開封率が高い場合、告知動線を常に設定しておくのがおすすめ
	告知メール	プログラム認知拡大＆プログラムへの興味度を図る指標にもできる
LINE	リッチメニュー	顧客が開きやすい固定導線として有効
	お友だち登録完了後メッセージ	初期設定のみで設定でき、確実に目に付くメッセージ
	プッシュ配信	プログラムページ流入数を一気に伸ばせる。リッチメニューと併用して効果倍増！
ウェブサイト	購入完了ページ	商品への興味が向いているホットな顧客が必ず閲覧する告知箇所。プログラム認知拡大におすすめ
	TOPページスライダー	プログラムの存在を広く伝えたい場合におすすめ
	メニュー欄	目にする回数が多いので「とりあえずクリック」を狙える
	マイページ	固定導線の設置場所として有効（特にログイン・閲覧頻度が高い場合）
同梱チラシ	初回購入時	プログラム認知拡大に有効＆ブランディングの手段にも
	定着顧客向け	毎回封入することで、商品に意識が向いているタイミングでランディングしてもらえる確率を向上
SNSアカウント	プロフィール欄	スタッフの個人アカウントなどに設置するのもおすすめ
	会員向けプログラム告知投稿	日常的に目に触れやすい。プログラム認知拡大におすすめ
	情報コンテンツ	お友達同士で紹介しやすいコンテンツとあわせて、紹介制度も告知

[図130] 店舗における顧客接点の例

	実行施策	ポイント
スタッフへの周知	告知声かけ内容レクチャー	・お客様の印象に残る声かけ内容かどうか ・スタッフが全体の接客フローに沿って声かけしやすい内容かどうか ・お客様の反応を見て改善しているか
	紹介制度の流れレクチャー	・スタッフがお客様からの質問に迷わず答えられるか
	特典お渡し方法レクチャー	・お渡しの際、お客様へのお礼の気持ちやご挨拶を伝えているか（2回目以降の紹介を起こすためにも重要！） ・特典対象者であることを確実に把握できるか
店舗タッチポイント	チラシ / カード	・お客様目線に合わせたデザイン／構成要素になっているか ・手に取りやすい場所に置いてあるか ・持ち帰りやすいサイズ感か
	ポスター	・目に付く場所、お客様が留まる場所に設置してあるか ・QRコードが掲載されているか
	QRコードステッカー	・お客様が読み取りやすい場所／タイミングを意識して設置できているか
	ポップ	・スタッフが案内しやすい場所に置いてあるか ・お客様の待ち時間など読み取りやすい場所に置いてあるか

告知場所の例

レジ横に
QRポップ

食べ終わった
お皿の下？

カフェの机に
QRコード

固定導線を用意する

　顧客が紹介したくなるタイミングはコンバージョン直後と述べましたが、一方でしばらく経ってからふと思い付いて紹介したくなる、というケースもあり得ます。そのような心理にも応えられるように、**覚えやすいところに固定導線をいくつか用意しておく**ことが重要です（図131）。

［図131］告知の固定導線でふとしたときに顧客が紹介できるようにする

いろいろなタイプの導線を使い分ける

　固定導線も重要ですが、他の導線も組み合わせて使うことでさらに効果が出ます。導線は固定導線の他に**流動導線**、**アクティブ導線**、**紙媒体**などがあります（図132）。

　例えば流動導線とはプッシュ配信やメール配信のことで、認知を拡大したいときや流入数を一気に増やしたいときに有効な手段です。

　またアクティブ導線とは、顧客がコンバージョンをした直後など、商品への注目度合いが高いときを狙うもので、購入完了時のメールやサンクスページなどが代表的です。第5章と第16章で紹介した、顧客満足度調査で高得点を付けてくれた顧客に紹介告知を送るというのもアクティブ導線の一種です（98ページ、第5章「顧客満足度調査から紹介に誘導する」を参照）。最近増えているアクティブ導線は、**LINE公式アカウントへの登録時に紹介告知を行う**というパターンです。

　デジタル時代とはいえ紙媒体もまだまだ有効です。その際には、紹介者ページへ誘導するQRコードを紙媒体へ掲載しておくことが重要です。

実行施策	具体例	説明	目的
固定導線	・LINE リッチメニュー ・アプリメニュー ・マイページ ・メンバーカード	・顧客がサービス利用にあたり目にしやすい導線 ・「ここを見れば紹介できる」と思われる場所	紹介誘導
流動導線	・LINE プッシュ配信 ・アプリプッシュ配信 ・告知メール	・プログラムの存在を広く伝える ・紹介誘導まで結びつけたい場合、その場で紹介相手が思い浮かぶコミュニケーションが大事	認知拡大 →紹介誘導
アクティブ導線	・購入完了ページ／メール ・購入後ステップメール	・顧客が商品に注目するアクティブなタイミングを狙う	認知拡大 →紹介誘導
紙媒体	・同梱チラシ ・店頭で渡すカード	・物理的なカードやチラシも、顧客の注目を集める上では有効	紹介誘導

告知導線ごとにコミュニケーションを変える

　告知導線の性質に合わせてコミュニケーションを変えることは、当たり前のことのようですが、とても重要です。

　期間限定で出店し、短期間で撤退する店舗を**ポップアップストア**といいます。商品やブランドの認知拡大、新商品プロモーション、テストマーケティングなどの目的で出店することが最近増えています。

　ポップアップストアにおける紹介告知は、通常の店舗とコミュニケーションの仕方を変えるほうがいいかもしれません（図133）。

　通常の店舗で紹介をお願いする顧客は**ロイヤル顧客**（企業や商材に愛着を持ち、継続的に利用している顧客）が多いでしょう。そのため、「日頃のご愛顧に感謝して紹介キャンペーンを始めました」という訴求の仕方が喜ばれます。

　一方、ポップアップストアはたまたま立ち寄った人が多いため、商品への愛着はさほどありません。しかしながら今、購入・利用したばかり

の**アクティブな顧客**ですから、紹介してくれる可能性は高いのです。

　こうした状況のポップアップストアで「日頃のご愛顧に感謝して……」という通常店舗用のチラシを使い回すのは、自分事として捉えてもらえないかもしれず、良くない印象を与えかねません。せっかくの紹介熱が一気に冷めないように、ポップアップストア専用のチラシを用意すべきです。

［図133］通常店舗とポップアップストアでは別の告知方法を用意すべき

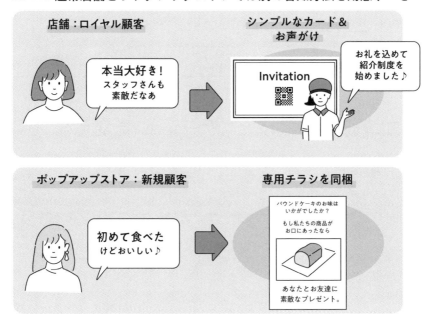

紹介のお願いをマニュアル化する

　店舗スタッフに紹介告知を行ってもらうケースでは、店舗スタッフのパフォーマンス次第でプログラムの成否が決まってきます。

　例えば、ある中規模着物販売会社では、年間紹介数1,917件、紹介経

由の月次売上高300万円超を達成しました。そのための施策として、①**店舗スタッフの告知パフォーマンス向上**、②**顧客満足度の吸い上げ**、③**店舗での紹介実績評価の徹底**（ツール導入による管理の容易化）の3つに取り組みました。

　これらの取り組みのうち、②による顧客満足の把握、③による正当な評価がそれぞれスタッフのモチベーション向上につながりました。つまり顧客と会社の両方の評価が店舗スタッフのモチベーション向上につながり、その結果告知パフォーマンスも向上したということです。①「店舗スタッフの告知パフォーマンス向上」に注力した結果の成果だった、といってもいいかもしれません。

　では①として具体的に取り組んだことは何だったのでしょうか。それは**紹介の依頼方法をマニュアル化**したことでした（67ページ、第3章「紹介依頼はマニュアル化する」を参照）。

　現場スタッフが紹介をためらう場合、**「面倒・慎重・遠慮」という3つの心理障壁**があります（図134）。これらを取り除くためには、プログラムの目的を伝え、告知の重要性を説き、人事評価との関連性を説明（もちろん正当な評価がすぐに行われることが大前提です）することが必要です。その上で、実際に告知をしてもらうためには、マニュアル化しておくことが肝心なのです（65ページ、第3章「紹介営業の成果は減少傾向？」を参照）。

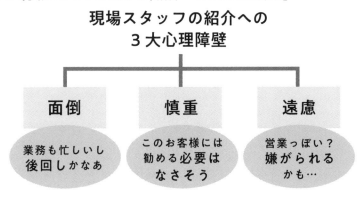

現場スタッフの紹介への
３大心理障壁

面倒	慎重	遠慮
業務も忙しいし 後回しかなあ	このお客様には 勧める必要は なさそう	営業っぽい？ 嫌がられる かも…

　マニュアルの中には、告知手順の記載はもちろんのこと、応酬話法の例や紹介誘導のコツ（TIPS）などもまとめておくといいでしょう。また店舗でLINE公式アカウントを案内する場合には、登録してくれた顧客にその場で紹介告知をするといったこともマニュアル化しておくといいでしょう。

【TIPSの例：紹介誘導が上手なスタッフの３つのポイント】
①普段からお客様のお友達やご家族の話をする
②自社サービスを利用したときのメリット・価値を認識し、更新する
③紹介をしてくださったお客様への感謝の気持ちを直接伝え、再度紹介の依頼を行う

現場とコミュニケーションする

　現場の声を定期的に聞くことも大切です。告知しているか、告知しづらくないか、告知でどこまでプッシュできているか、顧客の反応はどうか、どんな人の反応が良いか、よく聞かれる質問は何か……。こうした内容を朝礼、週次ミーティングなどで定期的にヒアリングするようにし

ましょう。**現場の声は告知媒体や告知タイミングなどの改善に生かせる重要な情報**です。

　また**競争心を育む**ことも重要な施策です。第 15 章の「成果計測設計」に基づき、できるだけリアルタイムに近い頻度で集計して、店舗ごとの成績を全員に公開するようにしましょう。公開の際には好成績の店舗やスタッフを顕彰することも有効ですが、成績が思わしくない店舗やスタッフに対するフォローも大切です。叱責（しっせき）するのではなく、告知を増やすためにどういうサポートをしていくのが良いかを一緒に考え、実践していきましょう。

　第 3 章および第 10 章に、現場スタッフを活用したリファラルプログラム事例をいくつか紹介しています。こちらも改めて参考にしてください。

第 **18** 章

特典設計

何を特典にしたらいいのか?

　第1章で、顧客は特典があるから紹介するわけでもないと述べましたが、しかし特典がなければ紹介してくれる人はかなり減るものと予想されます。要は**必ずしも高価な特典が必要ということではなく、何を特典に選ぶかが大切**だということです（33ページ、第1章「特典があるから紹介するわけでもない」を参照）。

　使い勝手が良く、多くの人に喜ばれるということで、Amazonギフト券をはじめとする**商品券やクーポン**が選ばれることが実際に多いのですが、事業者のセンスを示したり、より良い顧客体験を提供したりするという意味では今一歩です。センスの良い特典で顧客の紹介体験をより良いものにできれば、顧客に強い印象を残すことができます（図135）。

［図135］**特典のバリエーションは豊富にある**

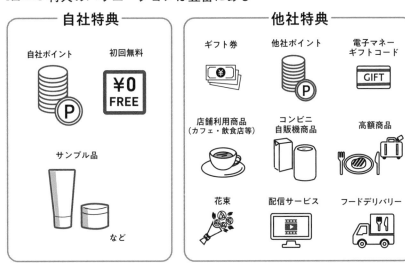

　また紹介「体験」という観点で考えると、特典を何にするかも重要で

すが「どのように渡すか」も重要になります。例えば EC サイトでの特典であれば、手書きの礼状に加えて花束などのちょっとしたプレゼントが同梱されていたらどうでしょう。感激してくれる紹介者が多いかもしれません。そうした感動の記憶がトリガーとなり、また紹介したいというモチベーションが自然と促進されるのです。

　特典設計においては、特典を何にするか、それをどうやって渡すのかについて考えることになります。設計で行うべきことはシンプルですので、本章では特典設計における TIPS 的な知識をご紹介していくことにします。

ターゲットに応じて特典を検討する

　顧客が何を喜ぶのかは、ターゲットタイプによって変わってきます。
　例えばマッチョ型であれば、**金銭的な特典やデジタルギフト**が喜ばれます。金銭でモチベーションが上がるし、ゲストに紹介する際にも金銭が表に出たほうが紹介しやすいからです。これと同様のタイプにポイ活（ポイント収集活動をしている人たち）主婦層を挙げることができます。自社ポイントも喜ばれるのですが、実際には金銭的モチベーションが強い人が多いからです。

　世話好き型や中高年女性には、**自社商材や物品系のギフト**が喜ばれます。共感で動く人が多いため、自社商材への愛着が前提になりますし、もろに金銭だと紹介しづらいのです。サンプル品などを好む人が多いようです（マッチョ型と世話好き型については 109 ページ、第 6 章「ターゲットの特性でメッセージを変える」を参照）。

　アッパー主婦や高年齢層には体験型の特典など、**世界観やメッセージ性を重視した特典**がいいかもしれません。この層は最も金銭的な特典では紹介を促進しづらい傾向があります。逆に金銭価値がわかりやすい特典があると紹介しづらいのです。

自社特典が良いケースと他社特典が良いケース

　私たちが実施した、特典に関するアンケートからわかったことをいくつかご紹介します。まず「自社特典と他社特典のどちらが良いか」という調査です（図136）。

　飲食、アパレル、化粧品など**比較的単価が低く、検討回数が多い商材ほど自社特典が良い**という結果が出ました。

　一方、保険、住宅不動産、人材紹介など**比較的単価が高い商材や検討回数が少ない商材ほど、他社特典が良い**という結果でした。

男女別の特典に対する意識の違い

　男女でも違いがあるのでしょうか。以下、調査結果をご紹介します（図137）。

　男性が紹介者の場合、人材紹介やブライダル、住宅、不動産といった生涯の検討回数の少ない商材で他社特典を希望する人が多いと同時に、特典なしを希望する人が多い点が特徴的です。

　女性の場合は、検討頻度の高い商材で自社特典を希望する人が多いのです。またエンタメやアパレル関連の商材の場合は、限定特典が人気になっています。

　全般的に**男性よりも女性のほうが自社特典を好む傾向がある**ようです。ここからブランドにこだわる人が男性より女性に多い傾向も、うかがい知ることができます。

[図136] 商材別の求められる特典の違い（自社特典と他社特典）

自社特典

紹介したい		紹介されたい

- 飲食店
- エンタメ・ライブ・スポーツ
- 化粧品・健康食品・サプリメント
- アパレル
- 保険・金融
- エステ・サロン・ネイル
- ブライダル・結婚式場
- 住宅・不動産
- 塾・予備校
- スクール（英会話スクール・料理教室など）
- 人材・就職
- 終活・葬儀

2021 invy 調べ

比較的単価が低く、検討回数が多い商材ほど、自社特典を豊富に提示する方が刺さる！

他社特典

紹介したい		紹介されたい

- 飲食店
- エンタメ・ライブ・スポーツ
- 化粧品・健康食品・サプリメント
- アパレル
- 保険・金融
- エステ・サロン・ネイル
- ブライダル・結婚式場
- 住宅・不動産
- 塾・予備校
- スクール（英会話スクール・料理教室など）
- 人材・就職
- 終活・葬儀

2021 invy 調べ

購入頻度が低い商材では他社特典を希望する傾向が高い

[図137] 男女別の求める特典の違い

男性が求める特典 ※紹介される場合の希望特典もほぼ同傾向

自社特典　他社特典
限定特典　特典なし

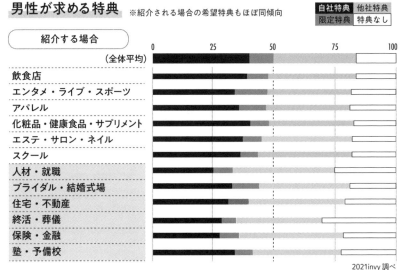

比較的使用頻度の少ない商材で、
他社特典または特典なしを希望する傾向が高い

女性が求める特典 ※紹介される場合の希望特典もほぼ同傾向

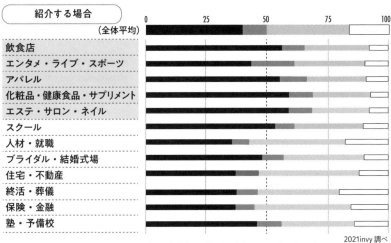

2021invy調べ

・特に使用頻度の高い商材で自社特典を希望する傾向がある
・紹介される場合も同傾向だが、エンタメ・アパレルで限定特典が
　人気あり

デジタルギフトを活用する

　ギフト式を紹介した第9章で、**デジタルギフトが増えてきたことがギフト式プログラムの隆盛につながっている**と説明しました（148ページ、第9章「ギフト式とは？」を参照）。Amazonギフト券が特典として広く使われていることからもデジタルギフトの使い勝手の良さがわかります。

　それぞれの特徴、対象サービス、特典付与の方法、利用制限、コスト（購入金額、手数料）、宣材の審査期間等を比較して、リファラルプログラムに最適なデジタルギフトを検討しましょう。

ギフトプラットフォームの検討資料をダウンロード≫
https://s.creativehope.co.jp/invy/gift-platform-report/download

自社特典の内容と金額の検討ポイント

　自社特典の検討ポイントは、商品だけでなく、体験やお試しなども含めて特典にならないかを考えることです。その際に自社の商品（体験）を欲しがるユーザーが「どのような環境やシーンにいるか」から検討するのがコツです。

　では特典金額は、どうやって決めればいいのでしょうか。

　まず、法律上問題のない金額の範囲内であるかどうかで、これは**景品表示法**（不当景品類及び不当表示防止法）に規定があります。ここは法解釈が必要ですから、法務部や顧問弁護士に確認の上、設定可能な金額範囲を確認しましょう。ただし自社特典の場合は、景品表示法の範囲外になるケースもありますので、うまく活用しましょう。

　またサブスクなどの定期購入モデルの場合、金額認定は月額ではなくLTVベースになることが多いようです。この場合LTVをどうやって計

算するかが重要ですが、計算式が複数あり、どれを採用するかによって変わってくるので、専門家に相談するほうが確実です。

　また金額の話とは別ですが、法的根拠という点では**医療脱毛など医療が関係するものを特典とする場合には、薬事法の規定を調べる必要があります。**

　特典金額の検討には **CPA（顧客獲得単価）の算出**も重要です。リファラルプログラムでのCPAは、「（特典金額＋システム利用料）／獲得目標」で計算します。当然ですが、コンバージョンポイントのCPA以下になるように特典価格（アナログ特典の場合は配送費などを含む）を設定する必要があります。体験無料など特典が最終コンバージョン手前に設定される場合は、ウェブ広告のCPAに引き上げ率（見込み客から最終コンバージョンに至った顧客の割合）を加味した金額を計算し、それ以下になるように設定します。

　あわせて**業界平均額の把握**も重要です。ウェブ上などで公開されている他社の特典金額の情報を集め、平均額を算出します。業界平均を相場額と考えて、それよりも低すぎないレンジに設定するか、金額の見せ方を工夫します。

　その他の注意点としては、まず代理店販売の場合です。商品単価に対して特典金額をあまり大きく打ち出すことができないので、特典を渡すタイミングや体験による特典を検討します。

　また**アナログ特典は、配送費、人件費、梱包費など、デジタルにはないコストが掛かります。**できる限りデジタル特典にならないかどうかも検討すべきでしょう（図138）。

［図138］アナログ特典とデジタル特典のコストの違い

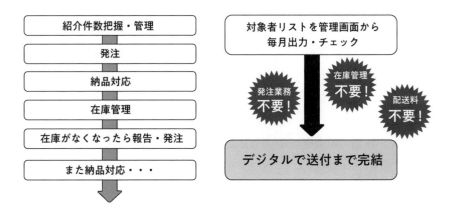

アナログ特典

- 紹介件数把握・管理
- 発注
- 納品対応
- 在庫管理
- 在庫がなくなったら報告・発注
- また納品対応・・・

デジタル特典

対象者リストを管理画面から
毎月出力・チェック

発注業務 不要！

在庫管理 不要！

配送料 不要！

デジタルで送付まで完結

2段階式特典を活用する

「いきなり契約してもらうのはハードルが高い」という場合は、まず**はお試し体験を用意して、その後に新規契約をしてもらう**という方法が一般的です。特典もそれぞれの段階で用意することになります（図139）。

［図139］ 2段階式の特典を活用する

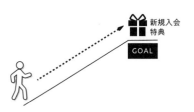

新規入会特典のみの場合

【ゲスト】
インセンティブをもらうにはハードルが高く
参加のモチベーションが上がりにくい

新規入会
特典

GOAL

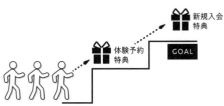

体験予約、新規入会と
段階的にインセンティブを付与

【ゲスト】
参加ハードルが低くなるため、
紹介プログラムに**参加しやすい**
結果、**確度の高いお客さまが増える**

体験予約
特典

新規入会
特典

GOAL

2種類の特典を組み合わせる

　　抽選で当たる豪華な特典と、誰でももらえる少額特典を組み合わせる
という手もあります。こうすることでプログラムに特色が出たり、特別
感がプラスされたりします（図140）。

［図140］ **2種類の特典を組み合わせる例**

A 賞：抽選	B 賞：必ずもらえる

今人気のアクティビティ
ホテルバカンス、
アフタヌーンティ等

手軽でうれしい！
コーヒーや食券プレゼント

期間によって特典にメリハリを付ける

　2、3カ月のプログラムの間に、1カ月だけ特典金額の低いプログラム
を挟むというやり方も有効です。特典金額が低くなると紹介率も下がり
ますが、特典金額が戻るとお得感が出て、以前よりも紹介率が上がるこ
とがよくあるのです。
　あるいは好評だったプログラムは「好評につき期間延長」といった見
せ方をすることで、延長前よりも紹介率が高まる可能性があります。

紹介者に複数人へ紹介をしてもらうコツ

例えば、特典として7種類のキーホルダーを用意したとします。これを「紹介者には、7種類のキーホルダーをセットで差し上げます」という形にすると、「そんなにキーホルダーをもらってもなあ……」と紹介意欲を削ぐことになりがちです。

しかし「紹介1回ごとに1種類ずつ進呈します。さらに7つ揃うと特別アイテムを差し上げます」とするとどうでしょうか。**コンプリートしたいというゲーム感覚の楽しみ**が高まり、7人に紹介してくれる人が出てくるものなのです。

購入後の早いタイミングで複数回の紹介を狙うと良いと述べてきましたが、実際には4人程度は紹介してくれる人が多いようです。その点を踏まえて、例えば「4つ揃うと1枚の絵柄になる」といった特典商品を用意すると人気が出るかもしれません。

また紹介人数によって顧客ランクのレベルが上がり、レベルアップの都度、前回のレベルよりも特別な特典を進呈する手もあります。図は紹介人数に応じて特典が豪華になる例です（図141）。

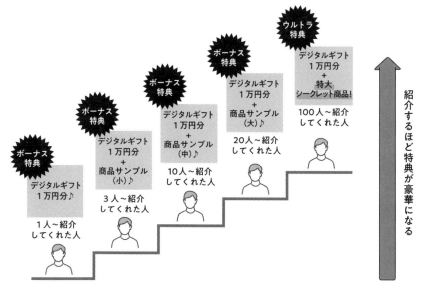

出典：ギフティ：https://giftee.biz/

　またロイヤリティの高い顧客ほど紹介もしてくれるという傾向があります ので、**紹介者の会員ランクに応じて特典をレベルアップする**手もあります。その際には、紹介される**ゲスト側の特典も紹介者のランクに合わせて豪華になるようにする**ことが重要です。そうすることでロイヤル顧客の紹介モチベーションが上がると同時に、それを知った他の顧客の中からも、ロイヤル顧客のように会員ランクを上げたいと考える人が出てくるのです。

顧客の声を活用して特典のブラッシュアップ

　「特典がそろそろマンネリ化してきた」「思ったよりキャンペーンの成果が出ない」「もっと成果を出したい」といったときには、顧客の声を集めてみましょう。

【顧客への質問項目例】

・どんな特典なら欲しいと思うか？

・どんな特典ならゲストに紹介しやすいか？

・今の特典への忌憚（きたん）のない意見は？

　方法はウェブやLINE、あるいは店頭アンケートでも良いですし、馴（な）染みの深いお得意の顧客やアンバサダーであれば、直接話を聞かせてもらうのもいいでしょう。

ゲストがすぐに使える特典にする

　ゲストが受け取る特典については、**すぐに使えてすぐにメリットを感じられるもの**にすることが大切です。

　リファラルプログラムの主たる目的は、低コストで新規顧客を獲得することでした。顧客になるというのは、特典を利用してリピート購入をしたり、会員制サービスやサブスクの会員になったりすることです。それには早く商品のメリットを感じてもらうことが必須なのです。

　またコンバージョン後の早い段階が、一番紹介してもらいやすいタイミングであることも説明しました。したがってゲストにも紹介者になってほしいと思うのなら、いち早く商品のメリットを感じてもらわなければならないのです。

顧客リストが少ない場合には？

　起業して間もない会社や新規事業担当の部門は、顧客リストが少ないものです。つまり紹介告知する対象が少ないということなのですが、彼らにはリファラルマーケティングは不可能なのでしょうか。

顧客リストが少ない場合は、**お試し特典に投資する**のがいいでしょう。例えば「公式通販ショップで使える 500 円クーポン」はすでに普及している商品であればいいですが、どのようなものか知られていないような新しい商品には、特典メリットが薄く感じられます。そこで思い切って「1 週間お試しセット 1,000 円相当」とするのです。そうするとメリットが明確になりますし、「お試し」の気軽さから紹介もしやすくなります。

　このようなお試し特典は特典にかかるコストは高くなりますが、**事業の初期段階で必要なのは費用対効果ではなく、投資対効果です。**たとえ今回のリファラルプログラムでコストを回収できなくても、顧客リストの件数が増やせれば、次回以降のプログラムを効率良く進められるようになります。

紹介者にゲストへの
おすすめ商品を選んでもらう

　紹介者に選んでもらったおすすめ商品をゲストへの特典にするという手もあります（図142）。

　紹介者にとっては、友人向けにカスタマイズすることが紹介における楽しみになります。また事業者にとっては、推薦されやすい商品のデータを集めることができる点がメリットです。

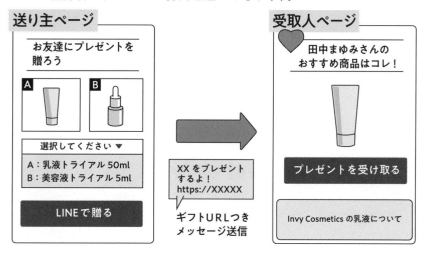

［図142］紹介者にゲストへの特典を選んでもらう例

送り主ページ

お友達にプレゼントを贈ろう

A
B

選択してください ▼
A：乳液トライアル 50ml
B：美容液トライアル 5ml

LINEで贈る

XX をプレゼントするよ！
https://XXXXX

ギフトURLつき
メッセージ送信

受取人ページ

田中まゆみさんの
おすすめ商品はコレ！

プレゼントを受け取る

Invy Cosmetics の乳液について

別の割引制度とバッティングさせない

　せっかくリファラルプログラムを実施しても、さらにお得な割引制度が別にあると、プログラムの失敗につながってしまいます。お得な割引制度に紹介者が気づけば、自分用にその割引制度で購入するでしょうし、リファラルプログラムを利用せずにゲストにも割引制度を教えるかもしれません。

　仮に別の割引制度によってゲストが新規顧客になってくれたとしても、本部はリファラルプログラムの成果を正しく把握できません。現場も、他の割引制度を勧めるほうが顧客に喜ばれますから、紹介告知をしないことになるでしょう。せっかく紹介してくださった紹介者に特典をお渡しできないケースすらあります。

　リファラルプログラムを実施するのであれば、**紹介経由の特典が最も得するものでないと意味がない**のです。そうでなければ紹介者側の紹介へのモチベーションが湧かず、紹介件数が伸び悩むでしょう。

残念なことに、こうした負の循環に陥っているリファラルプログラムは数多く存在します。まずは実施中のキャンペーンや特典制度をすべてリストアップし、リファラルプログラムの特典が最も得をする内容になっていること（別特典と併用できる形になっていても OK です）を確認しましょう。また現場スタッフが自信を持って「リファラルプログラムの特典が最もお得です」と言えるよう、周知徹底することも忘れずに。

現場スタッフへの特典も考慮しておく

　これは「告知設計」（第17章）の範疇（はんちゅう）で行ってもいいのですが、現場スタッフがリファラルプログラムに参加する場合には、現場への特典も考慮しておくことが、現場のモチベーション向上につながります。

　正当な評価も大きな動機付けになりますが、人事評価は半期や年度といった長い期間の終わりに示されるものです。紹介が発生する都度、何らかのインセンティブを渡すことで、プログラム実施中のモチベーション維持を図ることが肝心です。

　リファラル施策では、CPA が広告ほど高くない傾向にあります。特にクローズドな紹介制度を用意している場合、広告費用を顧客に還元する意味でも、リファラルプログラムの特典を一番お得にするのがおすすめです。

特典設計のポイントに関する詳しい資料をダウンロード≫
https://s.creativehope.co.jp/invy_download_incentives

第 **19** 章

効果シミュレーション

プログラム目標をSMARTに設定する

　ここまでリファラルプログラムの設計について見てきました。大きな流れとしては以下のようにまとめることができます。

　①STPでターゲットを決め②OIDEASで紹介フローを検討③どうやって成果計測するかを考え④コミュニケーションと告知および特典といったリファラルに不可欠な内容について具体的な検討、という流れです。

　ここからはリファラルプログラムの実践に入っていきます。どんなことでもまずは**具体的な目標を設定する**ことから入ります。

　まず考えるべきことは、プログラムの目的を達成するためには「どの指標に目標を置いて管理していくか」ということです。プログラムの認知を広げたいのであれば、ゲストのページ閲覧件数が1つの候補になります。顧客の定着率を上げたいのであれば、リファラルプログラム経由顧客の定着率がいいかもしれません。

　適切な指標が選択できれば、正しく効果を測定し、プログラムの改良・改善につなげていけますが、新規顧客獲得数のみを追い求めていてはリファラルプログラムの集客への貢献度が明らかにならず、社内での理解も得られないでしょう。

　指標が決まれば、**「SMART」**と呼ばれるフレームワークを使って、目標を明確化します。SMARTとは、以下の頭文字を取って作られた造語です。もちろん英語のSMART（賢い、賢明な）にかけています。

【フレームワーク「SMART」とは】

・Specific（具体的に）

　誰が読んでもわかる、明確で具体的な表現をする

・Measurable（測定可能な）

　目標の達成度合いが誰でも判断できるよう、その内容を定量化する

・Achievable（達成可能な）

希望的観測ではなく、その目標が達成可能で現実的である
- Related（経営目標や部署の目標に関連させる）
　設定した目標が所属部署や会社の目標に関連する内容になっている
- Time-bound（期限を定める・時間制約をつくる）
　目標の達成期限を設定する

　目標例としては、「2022年12月末までに5,000万円の売上を紹介経由で達成する。顧客平均単価は10万円で500件のコンバージョンを目指す」といった形になります。

リファラルプログラムの費用対効果を考える上で重要なこと

　場合によっては将来への投資と割り切って行うリファラルプログラム（283ページ、第18章「顧客リストが少ない場合には？」を参照）もありますが、基本的にはプログラムの中で高い費用対効果を目指すことが原則です。リファラルマーケティングに限らず、マーケティングの費用対効果の指標としては、**ROI**（投下資本利益率）や **ROAS**（広告費用対効果）が一般的です。

　費用対効果を考える上で重要なポイントは、効果をどのスケールで測定するかです。「風が吹けば桶屋が儲かる」という言葉がありますが、費用対効果を考える上で重要なことは、意外とこのような「妄想力」なのです。「妄想」は少し言葉が悪いかもしれませんが、要するに広く高い視点でどこまでの範囲を見る（想像する）ことができるかが、リファラルマーケティングの企画者には必要な素養だと言いたいのです。大きなスケールでものが見られれば、アクションも大胆になります。その結果、最大の効果が得られ、そのための費用も伴ってくるというわけです。

リファラルプログラムで得られる効果とは？

リファラルマーケティングの長所は、**新規獲得顧客の質が高い**（将来も購入し続けてくれる可能性が大きく、紹介もしてくれそう）ことと、**新規顧客獲得を効率化できる**（他の高騰し続ける広告媒体より低コストでコンバージョン率も高い）ことです。したがって効果目標も華々しいものとなります。

【リファラルマーケティングの効果目標例】
・見込み顧客数からのコンバージョン率アップによる新規売上向上
・既存顧客がリファラルプログラム利用後、利用期間／回数が1%上がることによるLTV向上
・紹介成功後に紹介者・被紹介者の顧客満足度が上がることによる 平均売上向上
・紹介にかかわる営業やマーケティング、バックオフィスの業務効率が上がることによる売上向上またはコスト削減

短期的な目標も中長期的な目標もありますが、リファラルプログラムに関係するさまざまな変数を見定めた上で設定していきます。

リファラルプログラムの費用対効果を算出する

リファラルマーケティングは、既存顧客を通じて新規顧客に出会うというアプローチですから、**紹介経由でどれだけの新たな収益が得られるかが最もシンプルな成果指標**となります。したがって、リファラルプログラムの期待収益（効果）は、以下の計算式で求めることができます。

期待収益＝
既存顧客数×既存顧客1人当たりの紹介人数×ゲストCVR × LTV

LTV で算出する理由は、紹介による単独のコンバージョンを効果としてしまうと、リファラルプログラムに掛けられる予算がとても小さくなってしまい、本来の目的が達成できないためです。先ほど「大きなスケールでものを見る」ことが重要だと述べましたが、これは LTV で考えるということを念頭に置いています。なお LTV とは何か、およびその重要性については、第 2 章の「事業者にとって大切な顧客とは？」（55 ページ）で説明しています。

　私たちは invy というリファラルマーケティングに特化した管理ツールをクラウドで提供していますが、invy の費用対効果は以下の計算式でROAS（広告の費用対効果）を求めてもらうようにしています。

紹介 LP のセッション数×紹介コンバージョン率（10％）× 1CV の LTV

invy 利用料〈定額〉＋インセンティブ費用〈獲得当たり〉

　計算結果が既存のオンライン広告の ROAS より高くなるのであれば、invy の採用をおすすめするわけです。ちなみに 10％とは実績上の最低ラインで、中にはコンバージョン率 80％という会社もあります。

LTVの算出方法とCPAのしきい値

　LTV の算出方法は以下の通りです。

平均顧客の利益（V：顧客価値）＝平均利益額×平均購入回数

LTV（生涯顧客価値）＝平均顧客の利益（V）×平均顧客時間（LT）

紹介経由での総 LTV（円）＝ LTV ×紹介経由の顧客数

　LTV が算出できれば、CPA（顧客獲得単価）のしきい値（ここまで使っていい金額）もわかります。

CPA しきい値＝ LTV ×粗利率

　例えば、ある化粧品の 1 人当たりの LTV が 10 万円で粗利率が 50％
だとしたら、CPA は 5 万円まで。それを超えてしまうと赤字です。

成果試算シートのダウンロードはこちら（シートのイメージは図143、図144）≫
https://s.creativehope.co.jp/invy/simulationsheet

[図143] **成果の試算用シート**（イメージ）

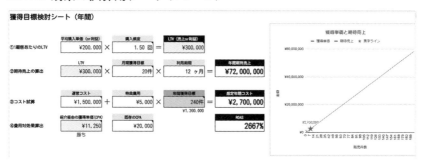

[図144] **リファラル経由で獲得できる顧客数を算出するシート**（イメージ）

第 20 章

プログラム計画

リファラルプログラムを一定にするか、定期的に変更するか

　プログラムの目標（目指すべき費用対効果とそれを達成するために測定する指標）が決まれば、次はその目標を達成するための計画を立案することになります。

　まず考えるべきことは、リファラルプログラムを長期的に一定にするか、短いスパンで定期的に変更するかということです。

　一定にすべき対象は、効果でリードタイムが長いあるいは検討頻度が少ない商材で、具体的には住宅、不動産、冠婚葬祭などになります。これらについては、基本的に同一のプログラム内容を長期的に続けます。ただ時期によって特典内容をブラッシュアップして新鮮さを演出することも必要です。特典は比較的高額に設定することで、プログラムの認知を図りましょう。費用対効果は月次で集計し、年間などで累積成果を見ていきます。

　定期的に変更すべき対象は、リードタイムが短く、定期的に利用機会がある商材で、具体的には化粧品、サプリメント、ファッション、エンタメコンテンツなどです。プログラム内容は2、3カ月ごとに変更し、その都度特典も変更するといいでしょう。閑散期と繁忙期で特典内容を調整することで、スタッフや本部、パートナーなどの労力を平準化します。費用対効果は、1回のプログラムごとに獲得した顧客の LTV から算出します。

　どちらも商材のシーズナリティを加味した紹介を考えるということでは共通しています。

年間スケジュールのイメージ

　リファラルプログラムを一定にするか、定期的に変更していくかが決定したら、その方針に合わせて、年間スケジュールをつくります。参考

に定期的に変更していくパターンのスケジュールイメージを載せています（図145）。

　どちらの場合でも最初に準備期間があり、現状把握や要件整理を行い、プログラムを企画し（ここで設計を行います）、予算を検討してツールを使うのであれば、そのツールでプログラムを管理できるように実装しておきます。

[図145] **年間スケジュール例**（プログラムを定期的に変更する場合）

項目	準備期間	1カ月	2カ月	3カ月	4カ月	11カ月	12カ月
プログラム		プログラム①		プログラムの切替	プログラム①／プログラム②	プログラム④	
		対象チェック 特典の受渡し	対象チェック 特典の受渡し	対象チェック 特典の受渡し	対象チェック 特典の受渡し	対象チェック 特典の受渡し	対象チェック 特典の受渡し
運用 すべきこと	現状把握 要件整理 プログラム企画 プログラム実装	リアルタイムでデータを把握					
		改善チェック 微調整	改善効果検証 微調整	改善チェック 微調整 プログラム②製作	改善効果検証	改善チェック 微調整	改善効果検証 プログラムX製作
その他		研修プログラム		研修プログラム		研修プログラム	

　プログラムの運用に入ったら、定期的（日次、週次、月次など商材の性質による）に成果をチェックし、改善すべき点を改善していくという繰り返しになります。

　プログラムの切り替え前には、当然新しいプログラムの実装が行われますので、そのためのリソースがいつ必要になるかがスケジュール表で明確にわかるようにしておきます。

　定期変更する場合には、中長期的な運用計画を立てることも重要です。会社の中長期計画と合わせたスケジュールを作成しておきましょう。またその中長期計画を四半期ごとに見直し、年間スケジュールに反映していくことも大切です。顧客の反応を見ながら計画を変えていく必要があ

るためです。また当初の計画では必要なイベント（特に季節性のあるもの）
や関連しそうな事柄を見落としている可能性もあるので、四半期ごとの
タイミングで改めてチェックを行います。

　定期変更する場合のプログラムの切り替えに関しては、目安として切
り替えタイミングの1カ月前から準備しましょう。プログラムタイトル
や特典を変更するだけでも、メールやメッセージなどでの告知が必要と
なります。プログラム告知やコンバージョンポイントを変更する場合は、
それぞれの変更作業が必要となりますので、関係各所と事前に調整をし
ておかなければなりません。そのためには1カ月は必要だと考えます。

　また、季節感のあるイベント、特典等を見落とさないために、**季節ご
との顧客動向や自社施策が一目でわかるカレンダー**を作っておくといい
でしょう（図146）。実際にはもう少し複雑なものになるでしょうが、あ
まり細かくせず、季節ごとに行うべきことが一目でわかるようにしてお
くことが大切です。

［図146］ **季節感がわかるカレンダー例**

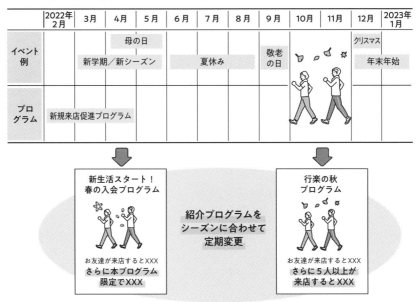

第 **21** 章

プログラム運用

データを元にした運用で成果を上げる

　データドリブン経営、データドリブンマーケティング、データドリブン人事など、DXブームの中で**「データドリブン」**という言葉も一般的に使われるようになりました。データドリブンとは、「データに基づいて状況を把握・分析し、意思決定する」といった意味です。**リファラルマーケティングにおいてもデータドリブンであることは、確実に成果を上げるための必要条件**だといえるでしょう（図147）。

［図147］データドリブンな運用とデータドリブンではない運用の違い

✕	事実	現状データの収集
成果データの欠損	事実	現状データの収集
あいまい	重点課題の特定	ボトルネックの特定
業者の提案待ち	企画	検証ポイントの明確化
できることから	実行	改善点の整理・優先順位付け
効果測定なく継続	評価	効果測定・振り返り

リファラルマーケティングでチェックする指標

　データに基づいて状況を把握・分析するためには、マーケティングで使われる指標について知っておく必要があります。以下にリファラルマーケティングに特有な指標とその計算方法を示します。

【リファラルマーケティング特有の指標】
・紹介認知率
　（紹介ページへの訪問顧客数／紹介告知を行った既存顧客数）

紹介告知の対象となっている既存顧客のうちリファラルプログラムを認知している人の割合

・紹介誘導率

（紹介行動を取った顧客数／紹介ページへの訪問顧客数）

紹介告知を受けた顧客が紹介行動を取っている割合

・ゲスト数

（紹介者から送られた紹介リンクのクリック数）

ゲストページへの訪問顧客数。

・1人当たりの平均紹介数

（ゲスト数／紹介者数）

紹介者が平均で呼び込んでいるゲストの数。

・紹介訪問率

（ゲスト数／紹介行動数）

紹介者が取った行動によってゲストがゲストページに訪問した割合

・紹介 CV 数

（申し込みフォーム数や来店ゲスト数など）

紹介経由で獲得したコンバージョン数。

・紹介 CVR（コンバージョン率）

（紹介 CV 数／紹介者（またはゲスト）ページ訪問ユーザー数）

※分母がゲストの場合、本書では「ゲスト CVR」と呼ぶ。

紹介による申し込みの割合で、紹介者を分母に取る場合とゲストを分母に取る場合の両方を見る。

ゲストを分母に取る場合は、（紹介によるものなので）通常のマーケティングにおける CVR より高く推移する傾向があるが、もしそうでない場合はゲスト向けのコミュニケーションを大きく改善する必要がある（改善効果も大きいはず）。

・プログラムの期待売上

（CV ポイントにおける期待売上金額 × CV 数）

リファラルプログラムから期待できる売上高。CV ポイントにおける期待売上は過去の実績から逆算される（例えばこれまで商談 200 件に対

して月 20 件の契約が取れて 1,000 万円の売上が上がっているのであれば、1 商談当たり 5 万円の売上になる。CV ポイントを紹介の発生と考えるのであれば、それは商談の発生と同様だから、この場合の CV ポイントにおける期待売上は 5 万円となる)。

計画時には、このような仮に置いておく数値を用意することが必要である。その後プログラムの進展に伴い実績値が取れるのであれば、それにリアルタイムに置き換えていけばいい。

指標はファネルと付き合わせてチェックする

　一般的なマーケティングには、**パーチェス（購入）ファネル**という考え方があります。消費者が購入に至るまでに、「認知、興味・関心、比較・検討、購入」と 4 段階（段階の数は諸説あります）を追って進んでいくわけですが、段階が進むにつれて人数が減っていく様子がちょうど漏斗（ファネル）の形に似ているのでこの名があります。

　リファラルマーケティングにもファネルがあります。本書では、それを**リファラルファネル**と呼びます。リファラルファネルは①紹介ランディングページ訪問②紹介アクション③ゲストランディングページ訪問④紹介コンバージョン⑤契約の順に進みます。同じゲストが複数の人に対して紹介をする場合もあるので、必ず数が減るとは限りませんが、一般的には減少傾向になります。

　リファラルプログラムの運用に際しては、リファラルファネルが存在することを意識し、それぞれの段階で数値がどのようになっているかを把握することがまず肝心です。

　数値データがしっかり取れていれば、前項で説明した指標もすべて算出できます。算出した指標を見れば、優先的に改善すべき箇所が見えてきますので、そこを重点的に改善します。

図をサンプルに考えてみましょう（図148）。これを見ると紹介誘導率が1.2％と極めて低いことがわかります。プログラム全体のコンバージョン率も1.7％（invyを利用している人材系の企業では9〜10％）と低くなっていますが、これは**紹介誘導率が低いから**だと考えられます。なぜなら、ゲスト数が少ないことも理由かもしれませんが、紹介を受けたゲストの行動については、減っていくどころかむしろ件数が増えています。そのため現時点では紹介コンテンツの品質は高いのではないかと考えられるからです。

　したがって今すぐ最優先に行うべきことは、紹介誘導率を高めることです。そのためには、紹介告知をよく見直して、なぜ紹介が発生しづらいのかを突き止めて、その原因を取り除かなければなりません。

[図148] リファラルファネルを意識してプログラムを運用する

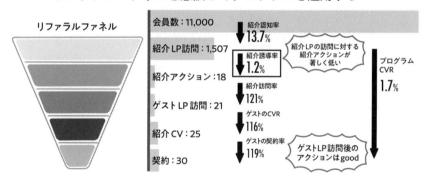

課題を特定して優先度の高い順に改善する

　リファラルファネルによる分析を行うと、**全体のコンバージョン率を下げているボトルネックを特定することが可能**です。

　例として、紹介誘導率か紹介訪問率を向上させるための対策とその優先度および実行する際の難易度について図にまとめてみました（図149）。

　この図を見て、優先度の高い順に取り組むといいでしょう。幸い優先

度が高いほど難易度が低くなっているのでためらわずに取り組んでください。

[図149] 紹介誘導率と紹介訪問率を向上させるための対策と優先度

目的	対策	優先度	実行難易度
紹介誘導率の向上	紹介者へのオファー変更	高	中
	複数回紹介の促進／アンバサダーへの声かけ？	高	低
	新規顧客／ロイヤル顧客でのオファーor LP変更	中	中
	キャンペーン変更→紹介LPのリニューアル、変更	低	高
紹介訪問率の向上	LINEメッセージの変更	高	低
	URLシェアボタンの設置	高	低

先に紹介誘導率を上げるのが鉄則

　紹介誘導率か紹介訪問率のどちらにも課題がある場合には、**先に紹介誘導率の向上に取り組むのが鉄則**です。紹介訪問率を上げる取り組みを先に行っても、そもそも紹介が発生しないのであれば、砂に水を撒くような虚しい努力になるからです。

　紹介誘導率が低い場合には「紹介相手が想起できない（特典内容と応募方法しか書いていない）」「特典が魅力的でない（ゲストに大した特典でないと思われないか不安）」、「紹介者から見てゲストにお願いするにはハードルが高すぎる」などが理由でしょう。1つ1つチェックして改善していきます。

　紹介相手が想起できないのが原因だと思うなら、実際に紹介が起きている事例を調べて、紹介者がどのような相手に対して紹介しているかを考えます。

　ゲストにお願いするにはハードルが高すぎるのではないかと思うので

あれば、もっと気軽に誘えるコンバージョンポイントを設定します。

また紹介は発生しているのですが、それが狙ったターゲットではないという場合には、顧客インタビューを実施します。

全体的に見直したいと考えるのであれば、第13章「ターゲット設計」を参考にしてください。

紹介誘導率の目標については、業界問わずまずは最低10％を目指してください。 業界別の参考目標値を表にまとめました（図150）。

［図150］ **紹介誘導率の業界別目標参考値**

業界	紹介誘導率の参考値
サブスクリプション	10~30%
化粧品	20~45%
エステ	10~40%
人材マッチング	30-50%
スクール	20-50%
食品EC	10-50%

紹介認知率が低い場合の対策

紹介誘導率以前に、紹介認知率が低い場合もあります。よくあるのは「紹介者への告知が1回だけで、それ以降告知せずに放置している」というケース。この場合の対策はいたってシンプルです。告知数を増やしましょう。

まずは告知導線を増やすことが必要ですが、店舗で告知が行われていない場合には告知オペレーションが煩雑になっている可能性があります。状況をよく調べて対策を考えましょう。詳しい対策は第17章「告知設計」を参考にしてください。

告知導線を増やす場合に、**メールや LINE メッセージなどのプッシュ配信を増やす**のが１つの手段です。ただし、これは増やしすぎると、他のプログラムと同化してしまい、徐々に紹介誘導率が低下していくことにつながります。増やす場合には定期的に告知内容を変更していく必要があります。

もう１つの手段としては、**マイページやコンバージョン直後などの固定導線を増やす**ことです。目にとまる回数が多いのと、ふと紹介したくなったときに思い出してもらえるので、紹介誘導率の向上につながりやすい対策といえます。

紹介誘導の実態を把握する

紹介認知率を高めるには「そもそも紹介誘導が適切に行われているのか」その実態を把握することが大切です。特に現場スタッフがリファラルプログラムに参加している場合には、実態把握は必須といえます。管理ツールでモニタリングしている場合には、**流入経路別にパラメータ**を設置すれば把握できます。

把握するポイントとしては「スタッフの数から見て紹介告知数は適切か」「店舗別／スタッフ別に比較して著しい違いが発生していないか」「成果を上げている店舗やスタッフはどのような行動をしているのか」などが重要です。

告知導線ごとの成果を把握する

どの告知導線が成果につながっているか、逆にどの導線で成果が出ていないかを把握することも大切です。以下に把握する指標データの例を挙げます。

【把握するべき指標データの例】

・告知メールの開封率・クリック率
・固定導線からのランディング率とプッシュ配信からのランディング率
・店舗からのランディングとそれ以外の率
・新規顧客の導線か、既存顧客の導線かによるランディング率の違い

　実際に調べてみると、導線別にかなり成果が違うものです。成果が出ていない導線については、反応や行動に至らない理由をよく調べて改善します。場合によっては廃止することを検討してもいいかもしれません。

ゲストCVRが低い場合の対策

　ゲスト CVR（コンバージョン率）が低い場合、よくある事象としては、そもそもコンバージョンポイントに問題があるケースと、現場スタッフが協力してくれないケースがあります。

　コンバージョンポイントに問題があるというのは、要するに**コンバージョンへのハードルが高い**ということです。この場合は、いきなり契約や会員登録ではなく、間に無料体験などを挟んで**段階式のコンバージョン**にします。

　現場スタッフが協力してくれないのは、何度か説明している「遠慮・面倒・慎重といった3つの心理障壁」のどれか1つ以上がスタッフの中にあり、紹介者に対する適切なプッシュができていないからです。対策は、これらの心理要因を取り除くと同時に、プログラムへの貢献に対する正当な評価を行う仕組みを取り入れることです。詳しくは、第3章「現場スタッフ視点から見るリファラル」、第10章「紹介営業」、第11章「スタッフ× OMO」、第14章「紹介フロー設計」を参考にしてください。

ゲストCVRが低い場合は、ランディングページに問題があることも多いです。一般的なランディングページの作法に則（のっと）っているかも含めて見直すことが必要です。見直すポイントは以下の通りです。

【ゲストCVRが低い場合の見直しポイント】
・離脱している箇所はどこか？
・ページ遷移数を減らせるか？（ページを移るたびに離脱者が増える）
・冗長な情報、不足している情報はないか？
・特典を変えられないか？
・提案商材を変えられないか？
・ゲストのターゲットを変えられないか？

　なお前述した通り、ゲストCVRは友人や家族からの紹介によるものなので、一般的なCVRより高めの数字になるのが普通です。目標としては、最低でも10％を目指してください。50％を超える企業や商品も珍しくありません。
　業界別のゲストCVRの参考値を表にまとめました（図151）。

[図151] ゲストCVRの業界別目標参考値

業界	ゲストCVRの参考値
サブスクリプション	10~30%
化粧品	20~45%
エステ	10~40%
人材マッチング	20-35%
スクール	20-50%
食品EC	30-60%

キャンペーンというと、普通は1、2カ月の期間限定で行うものですから、リファラルプログラムについても、多くの企業は同様の期間で成果を出すことを求めます。

　しかし実際には<mark>早くても4〜6カ月で成果が出始めるリファラルプログラムが多い</mark>のです（図152）。このタイムラグは、プログラム認知が高まるまでの時間だと考えられます。多くのプログラムにおいて、紹介してくださるのは市井の顧客であり、紹介が発生するのは顧客の好き好きなタイミングであるため、プログラムが認知され、そこから紹介が発生するまでには、通常のキャンペーンよりも長い期間を要するのです。リファラルプログラムの成果は、一般的なキャンペーンより少し長い目で見ていくことが必要です。

　同じプログラムをずっと継続する場合はもちろんですが、数カ月で定期的に変更するプログラムも、累積成果を長期的にウォッチするようにしてください。もちろん月次や四半期、あるいは1回のプログラムごと（定期的に変更する場合）に目標値に対する進捗を把握し、評価することも大切です。しかし短期的に成果が出ない場合に、簡単にあきらめないことも肝心なのです。

[図152] 月間CV数と累計CV数の推移イメージ

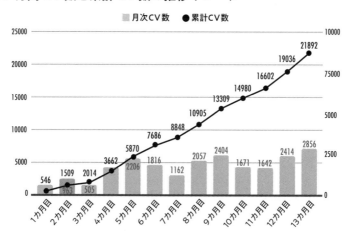

既存顧客による紹介か新規顧客による
紹介かを分けて把握する

　ここまで細かくデータを取っている会社はまだ少ないのですが、ぜひとも把握しておきたいデータがあります。それは「紹介で獲得した新規顧客とそうではない既存顧客が、それぞれどの程度紹介してくれているか」というものです。

　一般に獲得したばかりの新規顧客のほうが紹介告知への反応が良く、新たに顧客になってからしばらくの間は続けて紹介してくれる傾向があります。したがって新規顧客があまり紹介してくれていないのであれば、**新たな告知が減少している**ということが考えられます。告知導線ごとに状況を把握し、見直す必要があります。

　既存顧客による紹介が減少している場合は、**プログラムがマンネリ化**しているか、**紹介対象が減少している**ということです。メッセージや特典を見直したり、ゲストターゲットを変更したりすることが必要です。

invyではプログラム運用に課題をお持ちの企業様向けに研修プログラムをご用意しています。ご希望の方はこちらのフォームよりお問い合わせください（無料オンライン相談申し込み）。
https://s.creativehope.co.jp/invy/apply

おわりに

　私たちが開発・販売しているリファラルマーケティング管理ツール invy への問い合わせ数やその熱心さから、リファラルマーケティングに対する関心が高まっているのは間違いないことだといえます。

　にもかかわらず、リファラルマーケティングを網羅的に解説した書籍が日本だけではなく、世界中を見渡してもほとんどないのはどういうことなのか。その問題意識がこの本の制作につながったわけですが、いかがだったでしょうか。リファラルマーケティングの全体像が伝わったでしょうか。

　リファラルマーケティングの思想をひと言でまとめると、第1章にも書いた通り、「三方良し」を実現することで商い（ビジネス）を成功させる、ということに尽きます。近江商人の思想とマッチしているということは、リファラルマーケティングは日本人によく馴染む手法なのです。多くの日本企業にリファラルマーケティングを取り入れてほしいと願うのは、日本人が強みを発揮しやすい手法だからです。

　もう1つ日本企業にリファラルマーケティングを取り入れてほしいと考える理由があります。それは「日本企業はブランディングが苦手」といわれるからです。インターブランド社による世界ブランドランキング（2021年版）を見ても、上位50社までにランクされている日本企業は、トヨタ（7位）、ホンダ（25位）、ソニー（41位）のわずか3社のみです。

　そこで注目してほしいのがリファラルマーケティングです。なぜなら、ブランディングとリファラルプログラム設計は共通点が多いのです。

　ブランディングには社外にブランド価値を伝えるアウターブランディングと、社内でブランド価値を共有するインナーブランディングがあります。アウターブランディングで実施していることは、どうやったら顧客に紹介してもらえるのかを考えることとよく似ています。またインナ

ーブランディングで実施していることは、社員（現場スタッフ）がどうすれば紹介告知をしてくれるのかを考えることと似ています。

　したがって**リファラルマーケティングに取り組むことは、ブランディングに取り組んでいるのと同じこと**なのです。ブランディングには、それ以外にロゴづくりやデザインの統一などのタスクもあります。それらもとても重要ではありますが、ブランドの本質ではありません。一方、リファラルマーケティングで取り組むことは、ブランドの本質づくりと共通しているのです。事実、紹介がどれほど発生するかは、ブランド評価指標の１つとなっています。

　リファラルマーケティングを実践するメリットは（これもブランディングと共通しますが）、**紹介プロセスを通じて、顧客の本当の声が聞ける**ということです。どんな人が誰に何を紹介してくれるのか、自社の商品・ブランドの何に満足していて、何が不満なのか、紹介してくれない人はなぜ紹介してくれないのか。そういった顧客の声を、リファラルプログラムを成功させようと考えたら、どうしても聞かざるを得ないのです。これらを知ることがどれだけビジネスの成功に役立つのかは、言うまでもないことでしょう。

　本文にも書きましたが、リファラルプログラムは予算消化のための一過性のキャンペーンではありません。手を替え品を替えていくことは必要ですが、継続して取り組んでいくものです。「継続は力なり」というのは言い古されたことわざかもしれませんが、**リファラルマーケティングに取り組み続けることで、必ず収益や生産性が向上していきます。**

　この言葉を信じてもらえるかどうかは本書の内容次第かもしれませんが、実際に私たちがかかわってきた多くの企業が成果を上げています。リファラルマーケティングが貴社にも大きな成果をもたらすことを願って、筆を置くことにします。

【著者プロフィール】

株式会社クリエイティブホープ

2002年の創業よりデジタルマーケティング支援を行うコンサルティング企業。テクノロジーを軸としたコンサルティング事業を展開し、企業が抱えるビジネスの問題を「サービス・組織・システム」の3つの側面から課題を整理し、「あるべき姿」を提案・実行するところまで責任を持って支援するスタンスで企業のDX化を推進している。2019年よりリファラルマーケティング支援サービスinvyを展開。現在までのところ150社を超える企業のリファラル導入・運用支援を行う。

公式ホームページ
https://www.creativehope.co.jp

invyについてはこちら
https://s.creativehope.co.jp/invy

リファラルマーケティング大全

2022年10月4日　　初版発行

著　者　株式会社クリエイティブホープ
発行者　太田　宏
発行所　フォレスト出版株式会社
　　　　〒162-0824 東京都新宿区揚場町2-18　白宝ビル7F
　　　　　電話　03-5229-5750（営業）
　　　　　　　　03-5229-5757（編集）
　　　　　URL　http://www.forestpub.co.jp

印刷・製本　中央精版印刷株式会社

『リファラル
マーケティング大全』

『購入者限定 ｜ 無料プレゼント』

ここでしか手に入らない貴重な情報です。

有料級の
資料を
公開!

リファラル
マーケティングに役立つ
スペシャルシート[PDF]

本書の元にもなっている、のべ200社への提案書や自社・共催セミナーで用いたスライドから一部を抜粋し、まとめました。付録には、invyが独自で行ったリファラルマーケティング調査データも掲載しております(本書未掲載コンテンツ含む)。
ぜひ貴社のマーケティングにお役立てください。

このPDFは本書をご購入いただいた読者限定の特典です。

※PDFファイルはWeb上で公開するものであり、小冊子・CD・DVDなどをお送りするものではありません。
※上記特別プレゼントのご提供は予告なく終了となる場合がございます。
　あらかじめご了承ください。

PDFファイルを入手するには
こちらへアクセスしてください

https://s.creativehope.co.jp/invy/referraltaizenslides/download